ABE HUBER
PREFÁCIO POR LUCIANO SUBIRÁ

MEU AMIGO ESPÍRITO SANTO

UM RELACIONAMENTO QUE VAI MUDAR A SUA VIDA

Editora Quatro Ventos
Avenida Pirajussara, 5171
(11) 99232-4832

Diretor executivo: Raphael T. L. Koga
Editora-chefe: Sarah Lucchini
Equipe Editorial:
Victor Missias
Paula de Luna
Gabriela Vicente
Revisão:
Erika Alonso
Eliane Viza B. Barreto
Diagramação: Vivian de Luna
Coordenação de projeto gráfico:
Big Wave Media
Capa: Bruno Leal

Todos os direitos deste livro são reservados pela Editora Quatro Ventos.

Proibida a reprodução por quaisquer meios, salvo em breves citações, com indicação da fonte.

Todas as citações bíblicas e de terceiros foram adaptadas segundo o Acordo Ortográfico da Língua Portuguesa, assinado em 1990, em vigor desde janeiro de 2009.

Todo o conteúdo aqui publicado é de inteira responsabilidade do autor.

Todas as citações bíblicas foram extraídas da Almeida Revista e Atualizada, salvo indicação em contrário.

Citações extraídas do site *https://www.bibliaonline.com.br/ara*. Acesso em outubro de 2019.

1ª Edição: outubro 2019
4ª Reimpressão: novembro 2024

Ficha catalográfica elaborada por Geyse Maria Almeida Costa de Carvalho – CRB 11/973

H877m Huber, Abe

Meu amigo Espírito Santo / Abe Huber. - São Paulo:
Quatro ventos, 2019.
192 p.

ISBN: 978-85-54167-26-4

1. Religião. 2.Cristianismo. 3.Desenvolvimento espiritual. I. Titulo.

CDD 207
CDU 27

SUMÁRIO

INTRODUÇÃO 15

1 O INÍCIO DE UM
   RELACIONAMENTO PRECIOSO 23

2 O GENUÍNO BATISMO NO ESPÍRITO SANTO ... 39

3 VEJO VOCÊ CHEIO DO ESPÍRITO SANTO 63

4 CRESCENDO EM INTIMIDADE
   COM O ESPÍRITO SANTO 81

5 UM RELACIONAMENTO
   COM O ESPÍRITO SANTO 101

6 COMO OUVIR A VOZ DO ESPÍRITO SANTO ... 111

7 A MISSÃO TRÍPLICE DO ESPÍRITO SANTO 133

8 ADORAÇÃO: UMA PORTA PARA A INTIMIDADE .. 153

9 O FOGO DO ESPÍRITO SANTO 169

DEDICATÓRIA

Eu dedico este livro ao meu melhor amigo: o Espírito Santo. Precioso Espírito Santo, o Senhor é minha vida, minha luz, meu tudo. Eu O amo infinitamente.

Obrigado por ser meu amigo e pelo privilégio de caminharmos juntos, trazendo glória ao Pai, pelo poder do nome do Senhor Jesus.

AGRADECIMENTOS

Quero agradecer à minha preciosa esposa, Andréa, que depois do Espírito Santo, tem sido minha melhor amiga e maior encorajadora em todas as áreas.

Andréa, juntos temos crescido na intimidade com o Espírito Santo, e eu não poderia imaginar uma vida melhor do que estar ao seu lado, caminhando juntos com nosso Senhor. Eu amo você!

PREFÁCIO

Que honra prefaciar um livro do meu pastor, Abe Huber!

Tenho o privilégio de chamá-lo não somente de pastor, mas também de discipulador, mentor, amigo e consogro – sim, essa palavra existe e fala de nossa condição de parentesco depois que meu filho Israel se casou com a Priscilla, filha dele. Por conta do convívio, que me permite avaliá-lo não só no púlpito, posso afirmar que o autor é referência e inspiração para mim. Ele vive o que prega, e prega o que vive. Consegue combinar a **profundidade** do conhecimento e dos resultados ministeriais com **simplicidade**, tanto na forma de comunicar como de viver o Evangelho. É uma dádiva divina à Igreja no Brasil e no mundo.

Costumo brincar que, se existisse uma espécie de "Unesco espiritual", certamente "tombaria" o pastor Abe Huber como "patrimônio do Corpo de Cristo".

O segredo de seu sucesso – em todas as áreas, arrisco dizer – não se origina em métodos, mas na prática de princípios. Entre eles, merece destaque o relacionamento diário com Deus e, mais especificamente, a comunhão com o Espírito Santo. Esse homem de Deus possui as credenciais necessárias para tratar, com autoridade, do assunto apresentado neste livro.

Quanto à temática que aqui será ensinada, é imperativo despertar sua importância. Uma forma de mensurar o valor é atentando-se às palavras de Jesus. O próprio Cristo afirmou que o Espírito Santo viria dar continuidade à Sua obra, desde Sua ascensão ao Céu até Sua volta:

> E eu pedirei ao Pai, e ele lhes dará outro Consolador, a fim de que esteja com vocês para sempre: é o Espírito da verdade, que o mundo não pode receber, porque não o vê, nem o conhece. Vocês o conhecem, porque ele habita com vocês e estará em vocês. Não deixarei que fiquem órfãos; voltarei para junto de vocês. (João 14.16-17 – NAA)

Essa é uma missão de assombrosa grandeza! Percebê-la serve para abrir nossos olhos diante da relevância da obra do Espírito de Deus. Mesmo ciente disso, entretanto, por muito tempo – e admito, por pura ignorância minha – eu olhava para o Espírito Santo como uma espécie de "estepe", um substituto que somente foi convocado na ausência de Cristo, e apenas porque Jesus não poderia permanecer na Terra. Porém, a revelação bíblica Lhe confere um *status* completamente diferente.

Ao contrário de minha dedução simplista, nosso Senhor declarou que precisava Se ausentar para que o Espírito viesse: "Mas eu lhes digo a verdade: é melhor para vocês que eu vá, porque, se eu não for, o Consolador não virá para vocês; mas, se eu for, eu o enviarei a vocês" (João 16.7 – NAA). Em outras palavras, o Mestre dizia que o plano era justamente a vinda do Conselheiro. Para que tal evento se concretizasse, Ele é que deveria "sair de cena". Isso é muito diferente da ideia de que o Espírito Santo viria apenas porque Cristo não poderia estar presente! Não é à toa que o apóstolo Paulo resume a Nova Aliança na expressão "o ministério do Espírito" (2 Coríntios 3.8).

Observemos mais uma declaração de Jesus: "Tenho ainda muito para lhes dizer, mas vocês não o podem suportar agora. Porém, quando vier o Espírito da verdade, ele os guiará em toda a verdade. Ele não falará por si mesmo, mas dirá tudo o que ouvir e anunciará a vocês as coisas que estão para acontecer" (João 16.12-13 – NAA). O interessante desse trecho é que ele mostra que havia verdades que nosso Senhor Jesus não havia podido comunicar aos discípulos enquanto esteve com eles, portanto, o Espírito Santo, quando enviado, finalmente transmitiria tais verdades àqueles homens. O que se conclui? O Espírito Santo não veio apenas para continuar a obra de Cristo, mas para erguê-la a um novo patamar!

A partir do momento em que entendemos o valor da missão conferida ao Espírito, passamos, consequentemente, a valorizar também a necessidade de nos rendermos à Sua obra. Foi assim comigo. Sou prova viva de que tudo muda quando conhecemos e reconhecemos o Espírito de Deus.

Minha esperança é que você leia e reflita a respeito das verdades contidas nestas páginas com a compreensão de quem é o Consolador e de quão maravilhosa é Sua missão. Estou convicto de que este livro pode guiar você a uma dimensão mais profunda na vida cristã. Prepare--se para não desejar menos do que estar absolutamente mergulhado no Espírito Santo.

Boa leitura!

LUCIANO SUBIRÁ
Pastor da Comunidade Alcance
em Curitiba, Brasil
Responsável pelo orvalho.com,
um ministério de ensino bíblico
em prol do Corpo de Cristo

INTRODUÇÃO

Há muitos anos, logo nos primeiros dias do meu ministério pastoral, tive um sonho. Eu era um jovem pastor que estava começando a expandir uma igreja local na cidade de Santarém, no Pará, norte do Brasil. Na época, tinha pouquíssima experiência em liderança ou mesmo em multiplicação de igrejas. Toda minha confiança se encontrava nas promessas de Deus, que estavam sobre mim e sobre o ministério do qual eu fazia parte. Mesmo não me sentindo o melhor candidato para cumprir aquela missão, havia uma convicção em meu espírito que me dizia que, se perseverasse em obediência e muito trabalho duro, com fé no chamado de estabelecer o Reino de Deus naquela cidade, veria o Senhor nos honrando no tempo oportuno. E foi o que aconteceu.

Depois de uma longa temporada desenvolvendo uma forte cultura de adoração e de busca por intimidade com Deus entre nossos líderes e membros locais, pude ver nossa igreja experimentar um crescimento sobrenatural. O que vivemos foi um poderoso tempo de avivamento durante meses consecutivos. Semanalmente, víamos em nossas reuniões centenas de conversões, batismos com o Espírito Santo, libertações, milagres e curas. Era como se o Céu estivesse invadindo Santarém.

Nós estávamos muito surpresos e gratos com tudo o que estava acontecendo. Diante daquele mover, enxergamos a necessidade de começar a adotar novas estratégias para potencializar seu impacto e multiplicar os frutos. Porém, antes mesmo que pudéssemos realizar grandes mudanças, o crescimento que antes experimentávamos diminuiu o ritmo.

Nesse período, durante semanas e semanas, nos víamos estacionados. Era como se tivéssemos engrenado em uma subida por uma montanha de crescimento espiritual e, de repente, estagnado em um platô. Não perdíamos pessoas, mas também não nos desenvolvíamos em nossa comunidade, considerando tanto o ponto de vista quantitativo quanto o qualitativo. Por mais que tivéssemos muitos membros fiéis, não presenciávamos avanço em suas vidas. Eles até vinham para a igreja, mas continuavam presos aos hábitos, mentalidades e vícios antigos. Era nítido que algo estava faltando em nosso meio para voltarmos a viver o avanço de meses atrás. Mas, ainda assim, não fazíamos ideia do que era.

Como pastor, tentei todas as estratégias que conhecia para melhorar o engajamento dos membros em nossas reuniões de pequenos grupos, cultos e até nas escolas bíblicas. Mas, mesmo assim, não conseguíamos ver uma mudança expressiva. Durante esse tempo, eu e minha liderança começamos a jejuar e a orar para compreender o que estava acontecendo e qual era a vontade de Deus para aquela situação.

Certa noite, em especial, durante um momento de profunda adoração e oração, abri meu coração para Deus e compartilhei que não queria que os nossos melhores dias como igreja estivessem no passado, mas sim à nossa frente. Meu maior desejo era descobrir como voltar a viver o crescimento sobrenatural que eu sabia que Ele tinha para nós. Então, pedi para que o Senhor me mostrasse, ainda naquela noite, o que faltava para experimentarmos novamente aquele romper do Espírito que havia transformado Santarém. Depois que terminei de orar, decidi esperar pela resposta que havia pedido, mas absolutamente nada aconteceu. Fui dormir, então, um pouco decepcionado. Contudo, mal sabia eu que durante meu sono o Senhor atenderia minha oração.

Naquela noite, tive um sonho profético em que me via dentro de um barco flutuando sobre um grandioso rio que parecia não ter fim. Eu não conseguia ver até onde ele ia, porém algo dentro de mim me fazia querer percorrê-lo até encontrar seu ponto-final. As águas eram tão brilhantes que me deram a impressão de estar navegando sobre diamantes. Ao mesmo tempo, eram tão limpas e transparentes que, se eu me aproximasse da borda do barco, era possível enxergar um imenso cardume nadando ao meu lado por todo o fluxo.

À medida que eu avançava, mais forte era a correnteza e, por consequência, mais rápido o barco navegava. Em alta velocidade, segui pelo rio sem parar, até que o nível da água começou a diminuir, fazendo com que o barco encalhasse em um monte de barro. Percebi que este havia secado por completo. Ao meu redor, só havia terra molhada e poças com alguns peixes se debatendo. Instintivamente, tirei minha camisa e saí correndo para socorrê-los, tentando carregar o cardume até a água. Porém, os peixes eram enormes e eu não conseguia levá-los com a força dos meus braços, a ponto de ter de empurrá-los com a ponta dos pés. Eu acreditava que, se continuasse avançando pelo caminho seco do rio, cedo ou tarde, encontraria água, mas isso não aconteceu, e meu sonho chegou ao fim.

Ainda estava com as memórias do sonho frescas em minha mente quando acordei. E mesmo não compreendendo por completo naquele momento, por algum motivo, sabia que aquela tinha sido a resposta de Deus à minha oração da noite anterior. Então, pedi ao Espírito Santo que me desse entendimento a respeito daquilo, e Ele me trouxe clareza sobre o significado de cada elemento. O barco em que eu estava era o ministério que Deus havia me dado para resgatar vidas e desbravar territórios. O rio era o mover do Espírito, onde eu deveria permanecer. Já os peixes eram as vidas que viriam a meu encontro à medida que eu continuasse fluindo na correnteza.

Para ir direto ao ponto, o que o Espírito Santo estava tentando me dizer através daquele sonho era que o período de crescimento que experimentamos no passado estava diretamente relacionado com o foco da nossa igreja na época: intimidade com Ele. Todo avivamento e crescimento sobrenatural que estávamos vivendo era fruto do mover do Espírito de Deus em consequência à nossa busca pelo relacionamento com Ele. Tanto a imagem do rio seco quanto eu forçando os peixes a avançar representavam o que aconteceu com a nossa igreja ao tentarmos mudar a estratégia sem antes ouvir a voz do Espírito.

Assim, entendi que a mensagem divina para mim e para a congregação a qual eu pastoreava era que o crescimento que Ele tinha para nós não viria por força ou violência, mas pelo Seu Espírito (Zacarias 4.6). Só viveríamos a plenitude de tudo que o Senhor havia planejado para nosso ministério, nossas famílias e nossa cidade se tivéssemos como prioridade a intimidade com o Espírito Santo.

Depois de meditar sobre tudo aquilo, prostrei-me em arrependimento e pedi perdão ao Espírito pelo descaso com que eu e a igreja O estávamos tratando. Prometi que nunca mais iríamos negligenciar o nosso relacionamento com Ele, e que faríamos de tudo para desenvolver pessoas apaixonadas pela Sua presença.

A partir disso, começamos a trabalhar intensamente em nossa comunidade para reformar o entendimento acerca do Espírito Santo. Passamos a ensinar, através da nossa própria cultura e de eventos, que Ele não era uma força sobrenatural ou uma energia, mas uma Pessoa que ansiava avidamente por ser o nosso melhor amigo. O resultado dessa mudança radical foi que voltamos a crescer sobrenaturalmente, e desta vez, segundo a vontade de Deus.

Hoje, com mais de 45 mil membros, nossa igreja se tornou um ministério global! Desde que nos alinhamos com a vontade divina, nunca mais paramos de crescer. Em outras palavras, o sonho que recebi do Senhor gerou um grande despertar de relacionamento pessoal com o Espírito, e este livro é fruto de tudo que vivemos a partir disso. Dessa forma, ao longo dos próximos capítulos, você poderá encontrar o que compilei de tudo que aprendi, junto com meus companheiros de ministério, nessa extraordinária jornada para aprofundar a nossa intimidade com o Espírito Santo.

Portanto, acredito que a mensagem que essas páginas carregam tem o poder de transformar famílias, cidades e nações, uma vez que ela mudará a sua vida para sempre, assim como mudou a minha. Prepare-se para aprender a receber ainda mais do amor de Deus e, por consequência, amá-lO como nunca. Conforme você se aprofundar no conhecimento do Espírito Santo, entenderá como acessar o coração e a mente de Deus, para, assim, compreender e viver a Sua vontade aqui na Terra. Ao final desta leitura, você terá absoluta certeza de que o maior segredo para termos a vida que Deus sonhou para nós está em fazer do Espírito Santo nosso melhor amigo.

Você está pronto para entrar em um relacionamento sério com Deus?

Que comece a jornada!

Capítulo 1

O INÍCIO DE UM RELACIONAMENTO PRECIOSO

Eu não sei se você sabia, mas o Espírito Santo é uma Pessoa. Assim como nosso Senhor Jesus e Deus Pai, Ele também é alguém com quem podemos nos relacionar intimamente. O Espírito é tão real e acessível quanto um ser humano de carne e osso. E apesar de muitos acreditarem que Ele é uma energia ou força sobrenatural que Se manifesta durante cultos ou reuniões cheias da Presença de Deus, por causa do senso comum ou da simples falta de entendimento, a própria Bíblia afirma que o Espírito Santo é um indivíduo com caraterísticas pessoais, incluindo vontade, pensamentos e emoções. Prova disso é que, em inúmeros textos do Novo Testamento, O vemos relacionar-Se intimamente com diversas pessoas que decidiram crer em Jesus e no Seu Evangelho. Nos capítulos 13 e 16 do livro de Atos, por exemplo, conseguimos identificar que Ele está compartilhando Sua vontade, comunicando-Se exatamente como uma pessoa real.

E, servindo eles ao Senhor e jejuando, disse o Espírito Santo: Separai-me, agora, Barnabé e Saulo para a obra a que os tenho chamado. (Atos 13.2)

E, percorrendo a região frígio-gálata, tendo sido impedidos pelo Espírito Santo de pregar a palavra na Ásia, defrontando Mísia, tentavam ir para Bitínia, mas o Espírito de Jesus não o permitiu. (Atos 16.6-7)

Além disso, em 1 Coríntios 2.10-11, podemos ver que o Deus Espírito não só possui uma mente cheia de pensamentos criativos e uma soberana capacidade intelectual, como também Ele é a única Pessoa capaz de nos ajudar a discernir e compreender o coração de Deus e tudo que se refere ao Seu Reino celestial.

> [...] Deus o revelou a nós por meio do Espírito. O Espírito sonda todas as coisas, até mesmo as coisas mais profundas de Deus. Pois, quem dentre os homens conhece as coisas do homem, a não ser o espírito do homem que nele está? Da mesma forma, ninguém conhece as coisas de Deus, a não ser o Espírito de Deus. (1 Coríntios 2.10-11 – NVI)

Depois de ensinar aos coríntios a respeito da terceira Pessoa da Trindade, o apóstolo Paulo novamente se refere ao Espírito Santo como um indivíduo em suas cartas aos gálatas e aos efésios, listando algumas das emoções que podem ser sentidas por Ele e afloradas em nós. Por isso, ainda nos adverte sobre o cuidado para não entristecê-lO com atitudes que quebram nossa comunhão com Deus e com o próximo.

> Mas o fruto do Espírito é: amor, alegria, paz, longanimidade, benignidade, bondade, fidelidade, mansidão, domínio próprio. Contra estas coisas não há lei. (Gálatas 5.22-23 – NAA)

> E não entristeçais o Espírito de Deus, no qual fostes selados para o dia da redenção. Longe de vós, toda amargura, e cólera, e ira, e gritaria, e blasfêmias, e bem assim toda malícia. Antes, sede uns para com os outros benignos, compassivos, perdoando-vos uns aos outros, como também Deus, em Cristo, vos perdoou. (Efésios 4.30-32)

Diante desse entendimento, podemos afirmar com muita alegria e segurança que o Espírito Santo é alguém que ama pessoas e deseja imensamente ter comunhão conosco. A esse respeito, a própria Bíblia diz que o anseio do Espírito por nós é tão forte que é capaz de provocar um ciúme santo em Deus.

> Ou supondes que em vão afirma a Escritura: É com ciúme que por nós anseia o Espírito, que ele fez habitar em nós? (Tiago 4.5)

Nesse contexto, a palavra "anseia" quer dizer desejar intensamente ter constante intimidade conosco. Ele quer conversar e ser nosso melhor Amigo. E é justamente por isso que possui esse zelo tão especial por nós. Porém, é muito importante ressaltar que o Espírito Santo não sente ciúme porque é inseguro. Pelo contrário, é a Pessoa mais segura do Universo. Ele é Deus e, consequentemente, é convicto do amor incondicional que sente por cada um de nós. Assim, Seu ciúme é algo santo, uma vez que vem de um lugar de cuidado. O Espírito ama e valoriza tanto quem somos e o propósito para o qual fomos criados que faz inimizade com tudo e todos que possam representar uma ameaça à nossa identidade, nosso chamado e nosso relacionamento com Deus. Ele é tão apaixonado por nós quanto Jesus e, por isso, o Senhor O enviou para permanecer conosco em todo tempo. Ele derramou o Espírito Santo para ser o nosso melhor Amigo, nosso Consolador e Mestre.

> Isto vos tenho dito, estando ainda convosco; mas o Consolador, o Espírito Santo, a quem o Pai enviará em meu nome, esse vos ensinará todas as coisas e vos fará lembrar de tudo o que vos tenho dito. (João 14.25-26)

> Quando, porém, vier o Consolador, que eu vos enviarei da parte do Pai, o Espírito da verdade, que dele procede, esse dará testemunho de mim (João 15.26)

A partir de trechos bíblicos como esses, entendemos que, se você aceitou Jesus como seu Senhor e Salvador, então o Espírito Santo já faz morada dentro de você. Isso é impressionante e assustador! O mesmo Espírito que criou o Universo e que ressuscitou Cristo dos mortos faz dos nossos corações o Seu Trono. Ele está em cada um de nós, despertando a vontade de sermos mais parecidos com Jesus e de conhecermos a Sua boa, perfeita e agradável vontade. Dessa forma, é o Espírito quem, vez após vez, nos liberta do pecado, por meio do arrependimento, para vivermos da maneira que glorifique a Cristo.

Fato é que Espírito Santo está sempre conosco. Mas será que estamos com Ele? Será que temos vivido conscientes de que Ele nos acompanha o tempo todo, sempre disposto a ajudar no que for preciso? Estamos tomando nossas decisões levando em consideração a vontade, os pensamentos e emoções dessa Pessoa que tanto nos ama e deseja no proteger?

Quando ignoramos a comunhão com o Espírito, nós o entristecemos, pois, ao fazermos isso, não damos a abertura necessária para que Ele nos transforme e liberte de pecados que nos conduzem à morte. Isso significa que, quanto mais O permitimos atuar em nossas vidas, mais a mudança acontece pelo Seu poder. Por ser Deus, o Espírito Santo é Onipotente, Onisciente e Onipresente, ou seja, é capaz resolver todos os nossos problemas em um estalar de dedos. No entanto, Ele não o faz porque jamais forçaria uma transformação sem nosso consentimento, uma vez que respeita o nosso livre arbítrio.

Logo, se quisermos acessar o poder e a sabedoria do Espírito Santo, precisamos passar tempo com a Sua pessoa para conhecer a Sua vontade como verdadeiros amigos. E como fazemos isso? Dedicando tempo ao estudo da Palavra e a momentos de adoração e oração na Sua presença. Quanto mais investirmos em momentos de qualidade com Ele, maior será a nossa sensibilidade para discernir Sua voz e mais nos tornaremos familiarizados com Sua maneira de pensar, sentir e agir. O Espírito deseja que sejamos íntimos d'Ele ao ponto de conseguirmos compreender o Seu querer apenas com sinais, assim como casais que, depois de passarem anos juntos se conhecendo, são capazes de saber o que está passando na cabeça de seus cônjuges com algumas trocas de olhares e gestos.

A Bíblia reforça a importância da busca por esse tipo de conhecimento. Em Oseias 4.6, a Palavra afirma que o povo de Deus perece quando há falta de visão e compreensão acerca da Sua vontade. É por meio do Espírito que compreendemos e recebemos a revelação dos planos divinos para nós. Em outras palavras, negligenciar a Pessoa do Espírito Santo pode nos custar a vida, porque sem Ele não compreendemos qual é verdadeira vontade de Deus e, por consequência, perecemos. Isto só deixa mais clara a urgência que existe em buscarmos a comunhão com o Espírito constantemente.

Em razão disso, é necessário que nossa busca aconteça do momento que acordamos até à hora em que vamos deitar para dormir. Todas as manhãs, devemos começar o dia com um grato e sincero: "Bom dia, Espírito Santo! Venha viver este dia comigo!". Este simples ato, por si só, já demonstra que reconhecemos a presença de Deus e a desejamos em nossa rotina. Antes mesmo de levantarmos para fazer café, pegarmos o celular para conferir a mensagens ou abrirmos o jornal, precisamos dobrar nossos joelhos em reverência para agradecer ao Senhor pelo dia e convidá-lO a estar conosco revelando Sua vontade. Faça isso e, com o tempo, você verá o Espírito te revelando conhecimento e estratégias práticas não só durante a leitura da Bíblia e nos momentos de adoração, como também para todas as suas atividades, trabalho, estudos, vida social, etc.

Diante disso, jamais perca a chance de declarar que o Espírito Santo tem liberdade para fazer parte do seu expediente. Peça a Ele que o encha de inspiração, sabedoria e criatividade para ser excelente em tudo que fizer, de forma que o seu trabalho seja uma expressão de adoração ao Senhor. Onde quer que você esteja, ore para o Espírito Santo lhe mostrar como servir, edificar, consolar e encorajar as pessoas à sua volta. Deixe que Ele te ensine como amar o próximo e colocar em prática tudo aquilo que aprendemos conhecendo a Deus e Sua palavra.

Quanto mais você incluir o Espírito Santo no seu presente, mais O perceberá moldando o seu futuro. Você verá sua vida avançando com um embalo sobrenatural, algo que não vem por força nem violência, mas sim pelo Espírito do Senhor, como está escrito em Zacarias 4.6. Quando esse momento chegar, você perceberá que foi a comunhão com a Pessoa do Espírito Santo que garantiu que nada em sua vida perecesse, mas que tudo prosperasse de forma abundante. O segredo para saber como alcançar o melhor de Deus em todas as áreas de nossas vidas é jamais negligenciar a comunhão com o nosso Conselheiro.

Além de trazer muitos benefícios para nossa vida prática, a verdade é que não há nada mais delicioso do que cultivar a intimidade com o Espírito. No dia a dia, é possível eu ver isso quando entendo que algo que eu gosto muito é estar com a minha esposa, passar tempo e fazer atividades com ela, mas há uma Pessoa que desperta mais ainda meu desejo de estar perto: o Espírito Santo.

Depois que eu comecei a aprender a ter mais intimidade com Ele, não sei mais o que é me sentir sozinho. Não existe mais a ideia de solidão. Posso estar longe de qualquer pessoa, viajando, sem a minha família, em lugares em que não conheço ninguém, mas possuo a paz de ter alguém que está aqui sempre comigo, fazendo morada em meu coração. Esse nível de comunhão não é só para pastores ou líderes, porque não tem nada a ver com cargos. Conheço muitas pessoas extraordinárias que não ocupam nenhuma posição de destaque e têm mais intimidade com o Espírito que alguns pastores. Sendo assim, esse tipo de relacionamento é para todos que entregaram suas vidas para Jesus. É no momento da nossa conversão que tudo começa. E o novo nascimento é a primeira experiência imprescindível para podermos desenvolver uma amizade com o Espírito de Deus.

Pode parecer impossível, mas há muitas pessoas que se denominam cristãs, mas não são nascidas de novo e, por consequência, não conseguem construir um relacionamento com o Espírito. A Bíblia diz que quem não tem o novo nascimento não está selado com o Espírito Santo, nem pode entrar no Reino dos Céus. Portanto, é importante ressaltar que, se não há conversão, o Espírito Santo não pode fazer morada em nós. Mas como funciona esse novo nascimento? De acordo com a Palavra de Deus, em Romanos 10.9, ele se dá exclusivamente quando confessamos com nossa boca que Jesus é o nosso Senhor e Salvador, crendo que Ele ressuscitou dos mortos por nós e para a glória de Deus. Logo, a partir do momento que tomamos essa atitude, podemos receber o Espírito do Senhor.

> [...] depois que ouvistes a palavra da verdade, o evangelho da vossa salvação, tendo nele também crido, fostes selados com o Santo Espírito da promessa; o qual é o penhor da nossa herança, até ao resgate da sua propriedade, em louvor da sua glória. (Efésios 1.13-14)

Em suma, se você quiser nascer de novo, ser verdadeiramente recriado e receber o Espírito Santo, precisa entregar o comando da sua vida a Jesus e crer em seu coração e confessar que Deus O ressuscitou dentre os mortos para nos livrar do castigo que merecíamos e, em vez disso, nos dar a vida eterna. Se não fizermos essa confissão, jamais poderemos nos relacionar com o Espírito.

Sempre que falo sobre este assunto, recordo-me de uma experiência muito interessante que eu e minha esposa tivemos, muitos anos atrás, com uma jovem que teve a atitude de confessar Jesus como Seu senhor e salvador, porém, em seu coração, não tinha tomado a decisão de entregar, de fato, a sua vida a Ele. Nós só descobrimos essa situação porque a irmã mais velha dessa moça nos disse, em particular, que suspeitava que a decisão da irmã mais nova não tinha sido algo consciente.

Quando fomos conversar com ela, questionamos se realmente ela tinha rendido toda a sua vida a Cristo. Para nossa surpresa, ela respondeu: "Honestamente, não. Eu só fui lá na frente e pedi oração, mas não estava realmente entregando a minha vida a Jesus". Aquilo nos deixou extremamente surpresos e nos fez questionar sobre a quantidade de pessoas que lotavam os cultos das igrejas, mas não eram realmente salvas no coração, e muito menos desenvolviam uma vida de intimidade com o Espírito Santo.

Infelizmente, talvez essas pessoas tenham uma surpresa muito desagradável quando chegarem ao final de suas vidas ou quando Jesus voltar, pois a Bíblia fala que quem não nascer de novo não entrará no Reino. Isso é muito grave! Mas a boa notícia sobre essa jovem é que, depois de explicarmos o plano da salvação e perguntarmos se ela queria, dessa vez, entregar sua vida a Jesus conscientemente do que estava fazendo, ela concordou. A moça repetiu a oração e, hoje, anos depois, transformou-se em uma grande mulher de Deus, que foi batizada no Espírito Santo e tem sido uma bênção na vida de muitos na cidade de Santarém, no Pará. Tudo isso começou porque ela entendeu a importância de receber Cristo em seu coração, não só confessá-lO da boca para fora.

Sem esse passo inicial, é impossível ter comunhão com o Espírito, porque só O conhecemos através de Jesus. Ao tomar uma decisão pública, de coração, e entregar a sua vida totalmente a Cristo, tudo muda e você se torna apto para viver a segunda experiência imprescindível para se tornar íntimo da terceira Pessoa da Trindade: o batismo do Espírito Santo.

O batismo com o Espírito é uma promessa bíblica (Lucas 24.49) para todo aquele que nasceu de novo. É um revestimento da própria pessoa de Deus, que nos confere dons, poder, transformação de caráter e sensibilidade à vontade divina. Essa experiência nos possibilita testemunhar sobre Cristo e realizar a obra de Deus na sabedoria e no poder do Espírito (Atos 1.8).

Para receber essa promessa, é preciso crer e buscar em oração, como fizeram os apóstolos, que permaneceram esperando pelo Espírito Santo vir sobre eles até o dia de Pentecostes. Então, naquele momento, foram encharcados e revestido pela Sua presença:

> Ao cumprir-se o dia de Pentecostes, estavam todos reunidos no mesmo lugar; de repente, veio do céu um som, como de um vento impetuoso, e encheu toda a casa onde estavam assentados. E apareceram, distribuídas entre eles, línguas, como de fogo, e pousou uma sobre cada um deles. Todos ficaram cheios do Espírito Santo e passaram a falar em outras línguas, segundo o Espírito lhes concedia que falassem.
> (Atos 2.1-4)

A pessoa que não possui essa experiência dificilmente conseguirá cultivar um relacionamento profundo com Deus e manifestar a realidade no Céu na Terra. Muitos cristãos tentam fazer grandes obras sem estar cheios do Espírito Santo, tal como fundar uma igreja, pregar, libertar pessoas e realizar missões evangelísticas. Mas sem o batismo do Espírito, é impossível fazer a obra de Jesus, porque não estaremos sendo conduzidos e capacitados para isso.

Este batismo acontece quando a nossa fome por intimidade com o Espírito de Deus chega ao seu ápice e começamos a abrir mão de todo o controle para fazer a Sua vontade. A partir disso, Ele vem sobre nós em resposta à nossa busca, entrega e obediência, assim como está escrito na Palavra, que Deus concede o Espírito Santo aos que lhe obedecem.

> E nós somos testemunhas destes fatos — nós e o Espírito Santo, que Deus deu aos que lhe obedecem.
> (Atos 5.32 – NAA)

Se quisermos desenvolver uma verdadeira vida de intimidade com o Espírito Santo, precisamos dar o controle total a Ele, como se estivéssemos sendo conduzidos pela correnteza de um rio.

Em Ezequiel 47, o profeta descreve a visão de uma experiência sobrenatural em que ele é levado pelo Senhor até um grande rio que nascia do Templo de Deus. Este rio é um dos símbolos do mover Espírito Santo na Terra, enquanto a figura dele entrando nas águas representa nossa jornada para nos entregarmos completamente ao fluir desse mover.

Deus quer que entremos em comunhão com o Espírito para vivermos tudo que Ele tem para nós. Contudo, cabe a nós darmos passos de fé e obediência rumo a esse relacionamento, que nos exigirá tudo. Você está disposto a abrir mão de todo o controle para ter sua vida transformada pelo profundo relacionamento com o Espírito Santo? Se a sua resposta é um "sim", vamos juntos mergulhar nessa experiência no próximo capítulo!

Capítulo 2

O GENUÍNO BATISMO NO ESPÍRITO SANTO

A intimidade com o Espírito Santo é o segredo dos segredos na vida cristã. Eu acredito plenamente que o relacionamento com Ele seja a "fórmula secreta" para vivermos dias extraordinários aqui na Terra, pois é através dessa intimidade que podemos compreender a boa, perfeita e agradável vontade de Deus para tudo em nossas vidas. Por meio dessa prazerosa comunhão com a terceira Pessoa da Trindade, aprendemos a sentir, pensar e a agir com base na perspectiva divina, o que nos habilita a viver as coisas inimagináveis.

Assim como falamos no capítulo anterior, esse maravilhoso relacionamento começa a partir de duas experiências indispensáveis: o novo nascimento e o batismo no Espírito Santo. Esses dois eventos pavimentam o caminho para iniciarmos nossa jornada de intimidade com Deus. Assim que confessamos Jesus Cristo como nosso Senhor e Salvador, o Espírito desce dos Céus para fazer morada em nossos corações e selar nossas vidas como propriedades exclusivas de Deus. Depois disso, quando temos a experiência do batismo no Espírito Santo – que pode acontecer logo após nossa conversão ou demorar algum tempo –, nosso espírito é envolvido e banhado pelo Seu Espírito. É nessa ocasião que somos revestidos e capacitados pela essência divina para realizar as obras de Cristo e testemunhar a Seu respeito, assim como Ele testificou a respeito do Pai e do Reino.

Jesus disse, em Atos 1.8: "mas recebereis poder, ao descer sobre vós o Espírito Santo [...]". No grego, língua original em que foi escrito esse texto, a palavra aqui traduzida como "poder" é *dunamis*. Foi baseado nesse termo que, muitos anos depois, o químico Alfred Nobel nomeou sua invenção como dinamite. Essa correlação se deve ao fato de que, quando o Espírito Santo desce sobre nós, recebemos um poder explosivo, que nos capacita, de forma sobrenatural, para entender e demonstrar quem é Jesus, e fluir em curas, línguas, profecias e outros milagres.

Esse processo pode ser comparado à imersão de uma pessoa em um rio, o Rio do Espírito Santo. Em princípio, no momento do novo nascimento, conhecemos as margens dessa maravilhosa fonte de vida. Somos impelidos a adentrar Suas águas até a medida em que nos dá pé. Porém, quando nosso desejo por mais intimidade cresce e somos batizados no Espírito, é como se fôssemos encorajados a sair do raso para não apenas mergulharmos no rio, mas para nos permitirmos ser conduzidos pelo Seu fluir que traz vida a tudo o que toca.

Como podemos ver, tudo de que precisamos para dar início ao nosso relacionamento com o Espírito Santo é nos entregar e ansiar por Sua presença em nossas vidas. Porém, ainda existem muitos cristãos que confessam ter grandes dificuldades em se relacionar com Ele, mesmo afirmando que já possuem o novo nascimento e o batismo no Espírito. Nesses casos, eu questiono se isso é realmente possível, porque é improvável que alguém que tenha Cristo como Senhor e seja revestido pelo Seu poder não consiga ter fácil acesso ao Espírito Santo.

Ao longo de muitos anos de ministério como pastor e missionário, já testemunhei vários casos de pessoas que achavam que o Espírito Santo não queria se relacionar com elas, quando, na prática, elas é que não haviam verdadeiramente se convertido ou sido batizadas, para que pudesse haver uma comunhão plena. Na maior parte das vezes, o que acontecia era que esses cristãos assumiam que tinham sido batizados logo no momento da sua conversão, o que, na verdade, não necessariamente havia ocorrido.

Por isso, é importante ressaltar que nem sempre o batismo do Espírito Santo acontecerá com o novo nascimento. E podemos tomar como exemplo disso a história dos discípulos de Jesus em Samaria. Eles já eram convertidos e tinham passado pelas águas, mas ainda não haviam sido batizados no Espírito (Atos 8.15-17). Deus deseja que todos os filhos recebam esse batismo, contudo, o que é certamente necessário para que essa experiência aconteça é ter fome por intimidade com Ele. E isso é de nossa total responsabilidade providenciar. O que quero dizer é que o Rio do Espírito não vai sair do leito e correr atrás de alguém. Nós é que precisamos buscá-lo, mergulhar nele e ir até onde nossos pés não encostem mais no chão. É nesse lugar que, realmente, o Espírito Santo toma posse de nossas vidas.

Quando somos genuinamente batizados, nosso espírito é banhado pela essência do Espírito de Deus, fazendo com que deixemos de ser cristãos religiosos e apáticos para começarmos a manifestar traços de Cristo. Assim, valores como a mentalidade de filhos e o entendimento de que somos parte da realeza dos Céus; o amor incondicional por Deus e pelo próximo; o apreço por santidade e justiça; o desejo de estabelecer o Reino de Deus na sociedade; e o poder sobrenatural para fazê-lo, enquanto destruímos as obras do maligno, passam a integrar nossa forma de pensar de modo que toda nossa vida seja remodelada a partir disso. O fato é que, se afirmamos que fomos batizados, mas nossas vidas permanecem idênticas, então isso não aconteceu genuinamente.

Talvez até tenhamos experimentado uma poderosa sensação percorrer nosso corpo após a conversão ou durante um culto cheio da presença de Deus, mas isso não significa que fomos, de fato, batizados no Espírito. Essa ocorrência só é testificada quando começamos a vencer o pecado, a andar no sobrenatural e a ser tomados por um desesperado desejo de trazer a realidade do Céu para a Terra. Digo isso por experiência própria.

O PODER PARA VENCER O PECADO

Quando eu era mais jovem, ainda solteiro, enfrentei muitas dificuldades para vencer pecados que me aprisionavam à vergonha, tais como: o vício em pornografia, a imoralidade e impureza nos relacionamentos, além da lascívia e da ira. Por mais que eu amasse ao Senhor e permanecesse trabalhando para a expansão do Seu Reino, me sentia sufocado pela culpa de ser incapaz de superar minhas fraquezas e pelo pensamento de ser indigno da comunhão com Deus. Eu vivia pedindo perdão e decidindo, vez após vez, usar todas as minhas forças para não pecar mais, mas não conseguia me manter firme. Eu conhecia todos os princípios de pureza e santidade, mas não era capaz de aplicá-los em minha vida.

Porém, várias coisas que aconteceram comigo resultaram em vitória completa sobre esses vícios! Ainda solteiro, Deus me deu libertação total da pornografia e de todas as impurezas consequentes. Sei que tudo isso foi somente pela misericórdia d'Ele! Então, deixe-me compartilhar qual foram as "armas espirituais" que o Senhor usou para me dar a vitória.

O primeiro passo foi quando eu recebi o batismo no Espírito Santo. Isso deu a base de que eu precisava para destravar minha fé com poder sobrenatural e crescer em intimidade com Deus. Outro segredo foi quando comecei a ser discipulado pelo meu irmão mais velho, Lucas, que também era meu pastor. Creio que seja importante todo cristão ser transparente com um líder espiritual e ser acompanhado de perto por meio do discipulado. Essa orientação me ajudou muito, mas eu volto a enfatizar que tudo começou com o batismo no Espírito Santo.

Fui batizado no Espírito do Senhor aos 16 anos de idade. Eu estava em Goiânia, sentado com meus amigos no auditório de uma das igrejas que meu pai havia implantado naquela cidade. Não me lembro ao certo o que estava acontecendo no culto, porque não estava prestando atenção em nada, senão na culpa que dominava meu coração. Naquele dia, só conseguia pensar em como estava sendo um cristão relaxado e descomprometido com Deus. Eu sabia que já havia recebido a salvação e o próprio Espírito Santo. Porém, desejava muito experimentar uma mudança radical de vida, queria com todo meu coração me entregar completamente a Deus para ser transformado. Para mim, o batismo no Espírito seria o sinal de que eu havia me rendido plenamente.

Após passar muito tempo sentado, pensando em como poderia me entregar completamente, decidi fazer uma oração, quase que sussurrando, para dizer a Deus que naquele dia estava me rendendo de corpo, alma e espírito à vontade d'Ele. E, ao fazer isso, decidi acreditar que estava sendo batizado. Meu coração foi tomado por uma grande vontade de glorificar ao Senhor, eu realmente senti como se eu fosse explodir. Então, para não atrapalhar o culto, corri para fora do templo e comecei a adorar a Deus com brados e expressões corporais. De repente, enquanto eu O exaltava, senti como se algo espiritual estivesse fluindo de dentro de mim para fora. Então, percebi que havia começado a falar em línguas angelicais. Para as pessoas que estavam na rua me observando, parecia que eu estava bêbado ou drogado, mas, na realidade, estava sendo batizado pelo Espírito de Deus e contagiado pela Sua alegria.

Naquela época, eu não tinha muito entendimento sobre o falar em línguas estranhas, não compreendia que era algo que podemos controlar uma vez que adquirimos. Logo, acreditei que tudo o que havia pronunciado eram apenas invenções da minha cabeça em um momento de euforia. Por isso, passei a dizer para as pessoas que era um cristão batizado no Espírito, mas que não tinha o dom de línguas.

Cerca de seis meses depois dessa experiência, tive a oportunidade de ir a um culto com a presença de alguns missionários norte-americanos. Nessa ocasião, recebi uma oração com imposição de mãos que destravou em mim o dom que já existia. Assim, comecei a falar em línguas de uma maneira muito intensa, tão forte que fui convencido que as palavras que estavam saindo da minha boca vinham do Espírito Santo.

Uma vez que tive a certeza de que havia sido batizado, eu passei cultivar uma profunda intimidade com o Espírito Santo, tive meu caráter transformado e tudo na minha vida mudou. Lembro-me de que, dia após dia, eu buscava falar com o Espírito e ouvir a voz d'Ele enquanto lia Bíblia e, também, nos momentos de oração. Quanto mais eu conhecia Seu coração, mais eu podia entender o porquê d'Ele querer que eu abandonasse o pecado. Ele me mostrou que todas as minhas iniquidades já haviam sido perdoadas, mas eu que precisava me posicionar e abrir mão desses hábitos autodestrutivos que O decepcionavam.

Eu aprendi que o Espírito Santo não se entristecia pelas minhas falhas em si, mas porque tudo o que eu estava fazendo, em algum momento, acabaria ferindo muito a mim e a outras pessoas. Ele nos ama demais para permitir que o pecado nos machuque. Se não fosse pelo meu relacionamento com o Espírito, junto ao discipulado do meu querido irmão, eu jamais teria me libertado das minhas fraquezas e começado a desenvolver o que, um dia, seria o Modelo de Discipulado Apostólico (MDA), uma visão que tem contribuído para estabelecer e expandir o Reino de Deus em milhares de igrejas ao redor mundo.

Foi por meio da busca por vencer o pecado e ter mais intimidade com o Espírito Santo que pude viver um avivamento individual que, mais tarde, serviria de modelo para um avivamento coletivo de igrejas e cidades de diferentes nações. À medida que eu alcançava a vitória e aprendia a mudar minha mentalidade por meio do meu relacionamento com o Espírito, Ele me falava: "Agora faça o mesmo com os outros". E eu, em obediência radical, começava a investir em pessoas. Aos poucos, passava a discipular outros, que ainda não conheciam meu amigo Espírito Santo.

Nessa época, escrevia tudo o que aprendia com Ele e com os frutos do discipulado, colocava no papel o que estava acontecendo no mundo espiritual e no terreno. Diante disso, eu seria o maior presunçoso, hipócrita e mentiroso, se falasse que fui eu quem criou a totalidade do que o MDA é hoje. O Senhor sempre foi o autor por trás de tudo de extraordinário na minha história. E por mais incrível que possa parecer, tudo o que eu vivi até ali foi apenas o começo do que Ele tinha para mim, uma vez que havia sido genuinamente batizado.

O PODER PARA FALAR EM LÍNGUAS

Além de nos conceder o poder para vencer o pecado, o batismo com o Espírito também nos capacita para fluir no dom de falar em línguas. Gostaria de ressaltar que nenhum de nós precisa falar em línguas para ser salvo, porque nossa redenção não vem por meio de dons ou obras, mas pela fé em Cristo (Efésios 2.8-9). Contudo, se quisermos realmente desenvolver uma vida de comunhão e amizade com Deus, é muito importante que busquemos fluir nesse dom. E a primeira razão disso é que o Espírito Santo nos ajuda a orar e nos leva a um novo nível de intimidade e valorização da presença de Deus.

Também o Espírito, semelhantemente, nos assiste em nossa fraqueza; porque não sabemos orar como convém, mas o mesmo Espírito intercede por nós sobremaneira, com gemidos inexprimíveis. (Romanos 8.26)

Nesse trecho das escrituras, vemos o apóstolo Paulo ensinando aos romanos o princípio de que devemos orar em línguas, porque, quando o fazemos, nosso amigo Espírito Santo intercede através de mistérios celestiais. O Espírito de Deus nos ajuda a orar quando estamos fracos e confusos, pedindo por aquilo que está nas profundezas do coração de Deus e por tudo o que precisamos para viver Seus planos. Ao orar em línguas, estamos sendo tão assertivos quanto se estivéssemos fazendo isso em pleno entendimento das palavras que saem de nossas bocas, e até mais, pois o Espírito intercede por todos os fatores necessários para alcançarmos nosso próximo romper de curas, libertações, recursos, oportunidades, ideias, conexões, revelações, ou qualquer outro objetivo que Deus tenha para nós.

Além disso, quando oramos em Espírito, acessamos níveis mais profundos de intimidade, adoração, revelação e fé para viver o sobrenatural. Eu mesmo posso dizer que já passei por temporadas em que me senti fraco e desmotivado para orar, e a única coisa que trazia esse ânimo sobre minha vida era falar em línguas, crendo que meu companheiro de oração estava intercedendo por mim e através de mim. Em razão dessas experiências, asseguro que, se você adotar esse tipo de disciplina como parte do seu estilo de vida, verá o Espírito Santo aumentar sua sensibilidade em relação à vontade de Deus.

O segundo motivo pelo qual devemos buscar e fluir no dom de línguas é que, ao fazer isso, estamos edificando nosso homem interior.

> O que fala em outra língua a si mesmo se edifica [...] (1 Coríntios 14.4)

Quando Paulo ensina aos coríntios sobre os dons do Espírito, ele destaca que o dom de falar em outras línguas é o único que serve para edificar a nós mesmos, mais especificamente, nosso espírito.

Desde que aprendi sobre o valor de orar em línguas, através da Bíblia e dos testemunhos de grandes homens de Deus, busco exercitar esse dom constantemente. Acredito que a oração em línguas seja um dos maiores segredos para fortalecer nossa intimidade com Deus e adquirir visão da Sua vontade. Por isso, é essencial criarmos tempo em nossas rotinas para incluir essa prática em nosso dia a dia.

Isso me faz lembrar de quando eu estudava Teologia na Universidade Internacional Columbia, uma das instituições acadêmicas mais tradicionais e conservadoras dos Estados Unidos. Eu sempre tentava criar formas de incluir a oração na minha rotina. Muitas vezes, enquanto estava copiando o que os professores compartilhavam em aula, eu orava em línguas discretamente, crendo que, ao fazer aquilo, estava edificando meu espírito e desenvolvendo mais intimidade com o Espírito Santo. Tenho absoluta certeza de que muitos romperes que eu vivi foram conquistados nesses momentos em que eu criei tempo para orar em parceria com o Espírito de Deus.

Portanto, eu quero incentivá-lo a buscar esse dom com todo seu coração e reservar, ao menos, 10 minutos do seu dia para orar em línguas. Estou convicto de que, em questão de pouquíssimo tempo, você colherá os frutos sobrenaturais desse investimento em intimidade e relacionamento com Deus.

Caso você ainda não tenha experimentado o poder de falar em línguas, aqui vão algumas dicas práticas:

BUSQUE A PRESENÇA DE DEUS

Pode parecer uma orientação muito simples e um tanto óbvia, mas o caminho para despertar esse dom começa pela busca sincera pela presença do nosso Deus, seja por meio de momentos de oração e adoração ou em temporadas de jejum. Creio que é por isso que a Bíblia nos mostra que os apóstolos foram batizados quando estavam reunidos em oração.

Ao cumprir-se o dia de Pentecostes, estavam todos reunidos no mesmo lugar; de repente, veio do céu um som, como de um vento impetuoso, e encheu toda a casa onde estavam assentados. E apareceram, distribuídas entre eles, línguas, como de fogo, e pousou uma sobre cada um deles. Todos ficaram cheios do Espírito Santo e passaram a falar em outras línguas, segundo o Espírito lhes concedia que falassem. (Atos 2.1-4)

REJEITE A MENTIRA DE QUE ESSE DOM NÃO É PARA VOCÊ

Muitas vezes, o Diabo colocará em nossas mentes que o que estamos sentindo no momento do batismo do Espírito Santo ou no despertar do dom de línguas não vem de Deus. O Inimigo fará de tudo para que acreditemos que estamos inventando palavras ou tentando imitar alguém, assim como aconteceu comigo. Contudo, é muito importante rejeitar essa mentira e crer que aquilo que está fluindo de nós será testificado pelo Espírito Santo. Devemos crer que Ele quer despertar dons em nós para que oremos como Ele e cresçamos em intimidade.

ABRA SUA BOCA E FALE

Mesmo que o Espírito Santo desperte o dom de línguas em você, é necessário abrir sua boca e voluntariamente permitir que as palavras que Ele tem colocado nela saiam, assim como a água que transborda para fora de um recipiente. O Espírito de Deus não vai fazer isso por você, mas sim através de você, conforme você autorizar. Afinal, a oração em Espírito é um ato em parceria com Deus.

O Espírito Santo anseia por ver cada vez mais pessoas acessando o poder para vencer pecados e falar em línguas, porque isso significa que mais vidas estarão prontas para atuar na sociedade como canais de milagres, uma vez que o sobrenatural é uma consequência do genuíno batismo no Espírito Santo.

O PODER PARA OPERAR MILAGRES

Alguns podem não concordar comigo, mas eu acredito que, se uma pessoa nunca teve uma verdadeira experiência com o poder de Deus em sua vida – seja por meio de curas, sinais, milagres e maravilhas –, é bem provável que não tenha sido genuinamente batizada pelo Espírito. Digo isso porque o sobrenatural é um dos sinais de que carregamos e estamos revestidos do mesmo Espírito que estava sobre Jesus, e o fez ressuscitar dos mortos.

Se fomos verdadeiramente batizados no Espírito, nós temos acesso a todas as obras sobrenaturais registradas na Bíblia. Sendo assim, tudo o que Jesus, os profetas, os apóstolos e os membros da Igreja Primitiva fizeram, nós também podemos fazer hoje.

> Estes sinais hão de acompanhar aqueles que creem: em meu nome, expelirão demônios; falarão novas línguas; pegarão em serpentes; e, se alguma coisa mortífera beberem, não lhes fará mal; se impuserem as mãos sobre enfermos, eles ficarão curados. (Marcos 16.17-18)

A Palavra de Deus também fala que nós não somos deste mundo, mas que somos peregrinos e forasteiros aqui na Terra (Hebreus 11.13). Temos uma pátria celestial e, como cidadãos desse Reino, não precisamos viver de acordo com a circunstância estritamente terrena, limitada ao natural. Em outras palavras, nós temos total acesso a uma realidade diferente daqueles que estão ao nosso redor.

Portanto, somos chamados para realizar obras tão extraordinárias quanto as que Jesus fez durante seu ministério (João 14.12). Porém, essas coisas só acontecem como uma consequência do nosso relacionamento com Deus, através do Seu Espírito. Quanto mais perto d'Ele estivermos, mais parecidos com Ele nos tornaremos.

Precisamos, de fato, receber e acreditar que somos amados por Deus, pois, ao sentirmos esse amor, conseguimos transmiti-lo para outras pessoas com ousadia, sabedoria e poder, como acontecia naturalmente nos primeiros anos da Igreja.

> Filipe, descendo à cidade de Samaria, anunciava-lhes a Cristo. As multidões atendiam, unânimes, às coisas que Filipe dizia, ouvindo-as e vendo os sinais que ele operava. Pois os espíritos imundos de muitos possessos saíam gritando em alta voz; e muitos paralíticos e coxos foram curados. E houve grande alegria naquela cidade. (Atos 8.5-8)

Filipe não era apóstolo, mas era um diácono que também carregava o Espírito Santo dentro de si. Mais tarde, se tornou um grande evangelista, porque entendeu que é através da intimidade com Ele que conhecemos e tornamos conhecidos o amor e o poder de Deus. A Bíblia fala que Filipe, enquanto anunciava o Evangelho de Cristo, tinha suas palavras respaldadas pelo poder para operar milagres. As obras que esse evangelista realizou em parceria com o Espírito Santo eram tão incríveis que é dito que toda aquela cidade foi cheia de alegria.

Você consegue se imaginar andando pela sua cidade, transbordando do poder do Espírito para revelar o amor de Cristo com ousadia? Você pode se enxergar no trabalho orando por enfermos e compartilhando verdades que libertam pessoas da depressão, ansiedade, insegurança e ira? Pela fé, eu já consigo vê-lo sendo cheio desse poder capaz de contagiar cidades e nações com a alegria do Espírito Santo.

O PODER PARA CONTAGIAR

O poder de contagiar e influenciar vidas com a presença de Deus é outro sinal que comprova que fomos batizados com o Espírito. Aprendi isso também quando estava na universidade, com a oportunidade de me conectar com muitos cristãos de diferentes origens e níveis intelectuais.

A cultura da minha faculdade estimulava muito o estudo da Palavra de Deus e o desenvolvimento de relacionamentos. Porém, por se tratar de uma universidade tradicional, a busca pelo batismo e a prática dos dons do Espírito não eram estimuladas no *campus*. Na época, falar em línguas não era bem visto, muito menos fazer reuniões para orar no Espírito em unidade. Os alunos até poderiam orar em línguas sozinhos, mas não com outros estudantes. Logo, eu, que era batizado no Espírito Santo e tinha a prática de orar no Espírito, como mencionei anteriormente, criava tempo para exercer esse dom em lugares onde havia pouca circulação de pessoas.

Nesses momentos, o poder de Deus descia sobre minha vida e eu ficava orando em línguas por muitas horas. Porém, quando eu voltava para dentro da faculdade a fim de estudar, recebia bilhetes anônimos com mensagens como: "Abe, você tem algo diferente que contagia a todos nós, o que é que você tem?"; "Abe, obrigado por sua amizade. Só em conversar um pouco com você tudo mudou na minha vida". Sem que eu percebesse, estava influenciando meus colegas universitários, inclusive os que se destacavam academicamente mais do que eu.

Eu me lembro de um judeu superinteligente que estava fazendo pós-graduação em nosso *campus*, com quem desenvolvi uma amizade simplesmente porque que ele me achava diferente das outras pessoas. Recordo-

-me de um certo dia em que eu estava passando e ele disse: "Espere, Abe! Venha cá, sente-se aqui, me conte agora seu segredo. E não me diga que é Jesus, porque eu também tenho Jesus". Depois desse acontecimento, não demorou muito para ele começar a orar em línguas, pulando, elétrico, cheio do Espírito Santo.

Conforme desenvolvia um relacionamento com meus colegas universitários, eu os contagiava com o fogo e a alegria do meu amigo Espírito Santo. A consequência disso era que muitos alunos que eram cristãos tradicionais acabavam sendo batizados com o Espírito e despertados para um novo estilo de vida.

Houve um certo momento em que a quantidade de pessoas contagiadas pelo Espírito Santo era tão grande que o presidente da universidade me chamou para conversar e dizer: "Abe, eu gosto muito de você, mas os professores estão querendo expulsá-lo da faculdade, porque parece que você está começando uma outra instituição dentro da nossa universidade". Com muito amor, me pediu para não falar mais sobre o relacionamento com o Espírito Santo, a não ser que me perguntassem sobre isso. Com um pouco de tristeza, acatei ao pedido do presidente por respeito à sua autoridade e por seu carinho por mim. Porém, para minha alegria, aquilo não foi o suficiente para impedir o que Deus estava fazendo, já que todo mundo me perguntava sobre esse meu Amigo, então eu falava.

Pouco depois, o presidente me chamou novamente para pedir que eu não tocasse mais no assunto, em nenhuma hipótese. Ele me orientou a sugerir algum livro sempre que me perguntassem sobre o Espírito Santo. Se eu pudesse, teria apontado este livro que vocês estão lendo agora, mas como ele ainda não existia, indicava o *Sete passos vitais para receber o Espírito Santo*[1], de Kenneth E. Hagin. Mesmo sem poder falar, o Espírito continuava a despertar pessoas e me conectar com vidas que precisavam conhecer meu Melhor Amigo. E foi nesse período da minha vida que comecei a descobrir o último poder a que temos acesso ao sermos batizados com o Espírito: o poder para impactar uma geração.

O PODER PARA IMPACTAR GERAÇÕES

Além de me formar em Teologia, tive o privilégio de completar um pequeno curso de música estilo *jazz* na Berkley College of Music, em Boston. Lá havia alunos de todas as nacionalidades, culturas e crenças. Em princípio, isso foi um choque para mim, pois estava acostumado a estudar com pessoas que, apesar das diferenças, acreditavam em Deus e dividiam praticamente os mesmos princípios. Porém, nessa escola tive de aprender a preservar meus valores e minha fé, enquanto me relacionava com colegas que eram viciados em drogas, homossexuais e ateus.

---

[1] HAGIN, Kenneth E. **Sete passos vitais para receber o Espírito Santo**. Rio de Janeiro: Graça Editorial, 2002.

Foi um tempo muito precioso para mim, pois foi lá que aprendi a me posicionar como cristão com muito respeito e humildade. E foi também nesse período que Deus abriu uma porta para eu começar a apresentar meu amigo Espírito Santo a pessoas que eu jamais imaginei que estariam abertas a conhecer o Evangelho.

Certo dia, quando estava voltando para o dormitório da faculdade depois do culto de domingo, com minha Bíblia na mão, um rapaz se aproximou de mim e me abordou perguntando se eu era cristão. Se fosse o caso, ele queria saber se poderia falar comigo. Surpreso, respondi que sim, sem imaginar que essa pessoa era um dos melhores guitarristas da Berkley College. Mais tarde, eu viria a descobrir que ele era um gênio, mais habilidoso do que o melhor dos professores de guitarra da faculdade, e já estava ensinando outros educadores do curso.

Depois que eu disse que poderia conversar, ele comentou que também era cristão e que estava com dificuldade para encontrar outra pessoa no *campus* que compartilhasse da mesma fé. Conforme avançávamos no assunto, ele sentiu paz em confessar a mim que, apesar de já ser batizado no Espírito, estava lutando para vencer o vício do cigarro, a imoralidade sexual, a fornicação e as mentiras sobre sua identidade em Cristo, e contou que tinha muito medo de ir para o inferno. Ao final da nossa conversa, ele me perguntou se eu poderia ajudá-lo com isso, e eu respondi: "Claro que posso. Se você seguir os princípios da Palavra de Deus que vou lhe ensinar, garanto que vai voltar a andar em vitória completa, em nome de Jesus". Um pouco receoso, meu colega disse: "Você está falando sério, cara?". "Estou falando sério!", confirmei.

Então, começamos um estudo bíblico juntos no quarto dele. Todo dia, cultivávamos essa prática, mas não contamos para ninguém. Porém, de alguma forma, a notícia de que estávamos estudando as Escrituras se espalhou pela faculdade, e logo muitos outros universitários curiosos começaram a querer participar das nossas reuniões. Houve um momento em que não cabiam mais pessoas dentro do quarto do meu colega.

Em questão de semanas, esse rapaz começou vencer, pouco a pouco, cada um dos seus vícios e pecados, transformando-se em uma tocha viva em nossa faculdade. Por ser um músico respeitadíssimo, ele passou a influenciar outros alunos e professores. Foi um processo lindo e poderoso.

Havia dias em que eu acordava de manhã pensando ter um tempo a sós com Deus, mas não conseguia, porque, sempre quando abria a porta do dormitório, me deparava com um corredor cheio de pessoas esperando para nos reunirmos e falarmos da Bíblia e de Deus. De forma naturalmente sobrenatural, eu estava impactando minha geração através da comunhão com o Espírito Santo.

Essa história é um dos muitos exemplos em que o Espírito de Deus transformou completamente a realidade de uma pessoa e de muitos à sua volta. E se você quer viver a mesma coisa, saiba que o genuíno batismo do Espírito Santo está disponível para todos os que desejam viver completamente para o Senhor e transformar vidas. Basta buscar com todo seu coração e mergulhar de cabeça nesse rio. À medida que você se aprofundar na vida de intimidade com Ele, terá incontáveis experiências e testemunhos de pessoas transformadas pela sua amizade com o Espírito Santo.

Para isso, nos próximos capítulos deste livro, vamos conhecer os segredos para cultivar uma profunda amizade com o Espírito. Você nem imagina a aventura espiritual que está por vir em sua vida!

Capítulo 3

VEJO VOCÊ CHEIO DO ESPÍRITO SANTO

A Palavra de Deus diz, em Efésios 5.18: "Não vos embriagueis com vinho, no qual há dissolução, mas enchei-vos com o Espírito Santo". Esse versículo é muito interessante, porque nele encontramos uma poderosa revelação: há um espaço dentro de nós, um vazio que deve ser completamente ocupado para desfrutarmos de alegria plena. Porém, tal vácuo não deve ser preenchido com coisas mundanas, que se esvaem como o vinho, mas sim com aquilo que é eterno e infinito, a única fonte de inesgotável satisfação, o Espírito do Senhor.

Sim, embriagar-se com bebida alcoólica não está certo, é pecado, mas não é só isso. Creio que o Senhor está nos mostrando indiretamente que há várias coisas neste mundo que poderão nos enfeitiçar e tirar nossos olhos de Jesus. Por isso, precisamos parar e filtrar aquilo que está nos afastando de Deus. Com o que estamos nos embebedando? Uma das principais razões para sempre estarmos cheios do Espírito é justamente para que não nos tornemos pessoas vazias e tristes.

Essa necessidade fica ainda mais evidente quando analisamos a vida de alguns cristãos, que não valorizam o fato de viverem cheios do Espírito Santo. Muitas pessoas se convertem verdadeiramente, entregam suas vidas a Jesus, permitem que Ele lave seus corações e leve embora tudo de ruim que havia dentro deles, porém, no final dessa "faxina", não buscam ser preenchidas pelas coisas do Reino, por meio da Palavra do Senhor e do Espírito Santo.

Essas pessoas se tornam como administradores de casas vazias ou terrenos desocupados, em que Cristo é o proprietário, mas não permitem que Ele faça morada e coloque tudo o que Ele deseja.

É importante nos lembrarmos de que, quando um cristão está vazio, se ele não for cauteloso, começará a deixar outras coisas – que são infinitamente inferiores ao Espírito Santo – preencherem aquele espaço. Algumas dessas coisas não são pecaminosas, mas não devem ocupar tanto tempo de sua vida. Existem pessoas que jogam muito tempo fora com as redes sociais, como Instagram, Facebook e YouTube, assistindo a conteúdos que realmente não edificam. Outros gastam horas por dia assistindo a filmes, a séries ou jogando videogame, o que provavelmente também não tratá aprendizado algum.

Como disse anteriormente, não necessariamente são coisas pecaminosas, porém elas sugam nosso tempo e impedem ou interrompem o melhor de Deus para nossas vidas. Encorajo você a olhar para dentro de si mesmo e analisar o que, de fato, está preenchendo sua vida. São as coisas do alto ou são as coisas banais e inúteis? Se você não tiver uma vida cheia do Espírito Santo, se tonará como aquele terreno vazio, e automaticamente as coisas inúteis começarão a crescer e tomar posse de sua atenção.

Na própria Bíblia, somos direcionados para sempre buscarmos as coisas que vêm de Deus.

Portanto, se fostes ressuscitados juntamente com Cristo, buscai as coisas lá do alto, onde Cristo vive, assentado à direita de Deus. Pensai nas coisas lá do alto, não nas que são aqui da terra. (Colossenses 3.1-2)

Quando um cristão está vazio, assim como uma casa, ele acumula sujeiras. Sua mente começa levá-lo a pensamentos negativos e até impuros.

Por quê? Quando deixamos de nos preocupar em permanecermos cheios do Espírito, nos tornamos vulneráveis às tentações e às mentiras do Diabo, que tenta nos induzir a abrir mão do nosso tempo de intimidade com Deus, da nossa adoração a Ele, da nossa fé em Suas promessas e dos nossos valores, apenas para satisfazer os desejos da nossa alma. Por isso, a busca por nos encher do Espírito Santo deve ser constante. Quando nosso coração estiver imerso em Sua presença, não haverá espaço para mais nada.

Deixe-me falar algo a você. Muitas vezes, uma pessoa pode até se dedicar ao Senhor, ela ama Jesus, não está pecando, mas também não está se enchendo com a presença de Deus. O Diabo é muito sujo e, certamente, não perde tempo! Ele começa a lançar lixo, tentações e imoralidade em nossas mentes. Às vezes, o Maligno é até mais sutil. Ele faz com que os cristãos comecem a preencher seus vazios com as próprias bênçãos de Deus, tirando seus olhos do Abençoador.

Isso é impressionante! Ao compartilhar a parábola do semeador, Jesus nos mostra essa realidade. Na história, a semente representa a Palavra de Deus, assim, ela cai em uma terra em que existem muitos espinhos.

> Outra parte caiu entre os espinhos; e os espinhos cresceram e a sufocaram. (Mateus 13.7)

Ou seja, a Palavra do Senhor foi semeada no coração do cristão. Porém, aquele solo continha espinhos, e eles sufocaram a semente e ela não se tornou frutífera. Mas por quê? Veja a explicação do próprio Senhor Jesus:

> O que foi semeado entre os espinhos é o que ouve a palavra, porém as preocupações deste mundo e a fascinação das riquezas sufocam a palavra, e ela fica infrutífera. (Mateus 13.22)

O que esses espinhos representam? Eles são como as preocupações, os cuidados e a fascinação pelas riquezas. As pessoas começam a ficar encantadas com as coisas deste mundo, que não necessariamente são pecaminosas, mas que vão desviando seu coração do foco principal.

Com isso, não estou dizendo que Deus não quer prosperá-lo. Esse é um desejo de Seu coração, mas nós não podemos tirar nossos olhos d'Ele, não podemos priorizar outras coisas, mas sim a Sua presença. Precisamos preferir estar cheios do Senhor, cheios de Seu Espírito Santo. O perigo é que existe uma possibilidade de nos tornarmos como um depósito de lixo. O apóstolo Paulo, cheio do Espírito Santo, advertiu os cristãos em Corinto sobre isso (1 Coríntios 6). O curioso é que aqui ele está escrevendo para pessoas que já congregavam, cristãos que já estavam na igreja.

Em 1 Coríntios 6.9, Paulo afirma: "Vocês não sabem que os perversos não herdaram o Reino de Deus? Não se deixe enganar [...]" (NVI). O apóstolo estava basicamente dizendo para que os coríntios não se deixassem enganar. Mas voltaremos a essa leitura daqui a pouco.

Ultimamente, parece que virou moda ser crente. "Eu sou crente, repeti a oração lá na frente do altar. Agora eu sou crente!". Mas quero falar algo com todo o carinho. A pessoa até pode se denominar cristã, pode ser batizada nas águas, mas se ela não nasceu de novo, se realmente não tiver Jesus como Senhor de sua vida, a própria Bíblia diz que ela não está salva. E é exatamente isso o que Paulo está explicando para os irmãos de Corinto, lá em 1 Coríntios 6. Ele diz assim:

Não se deixe enganar: nem imorais, nem idólatras, nem adúlteros, nem homossexuais passivos ou ativos, nem ladrões, nem avarentos, nem alcoólatras, nem caluniadores e nem trapaceiros herdarão o Reino de Deus. (1 Coríntios 6.9-10 – NVI)

A Palavra de Deus é muito clara!

Um outro exemplo nas Sagradas Escrituras é a imagem da formiga, por ser trabalhadora e perseverante. Mas você sabia que até a formiga, se não se atentar, pode ter sua cassa invadida pelo inimigo de uma forma sorrateira? Acho esse exemplo muito interessante!

Esse inseto normalmente é muito guerreiro. Protege seu ninho, seu formigueiro, porque é lá que estão suas larvas, seus ovos e seus filhotes. Se algum outro animal invadir o formigueiro, normalmente as formigas vão reagir violentamente. Elas são agressivas e não aceitam o invasor comendo suas larvas, por isso, combatem o outro animal.

Ainda assim, existe uma exceção em que as formigas não lutam contra o invasor. Sei que pode até parecer estranho o que eu vou dizer, mas há uma situação em que elas ficam bêbadas. Existe um tipo de besouro (não são todas as espécies) que emana um cheiro muito agradável para as formigas, as atraindo. Quando esse besouro se aproxima do formigueiro, elas ficam embriagadas com seu cheiro, e conforme o invasor entra em sua casa, elas se tornam lentas, não conseguindo reagir. Ainda que, geralmente, sejam trabalhadoras, elas ficam "enfeitiçadas".[1]

À medida que as formigas se aproximam do besouro, ele solta um néctar que elas começam a beber, então, consequentemente, ficam realmente

---

[1] HUTCHCROFT, Vera. **Nature stories for children**. 5. ed. Michigan: Baker book house, 1978.

embriagadas. Assim, param de trabalhar, de cuidar de suas larvas, de seus filhotes, e o besouro "deita e rola", comendo os ovos e as larvas do formigueiro. O interessante é que, durante todo esse processo de invasão, as formigas permanecem lambendo o besouro, o qual, na verdade, é uma fêmea. Assim, ela começa a botar seus ovos, que também estão cobertos por uma camada desse néctar, e as anfitriás do formigueiro também lambem as larvas da invasora, negligenciando seus próprios filhotes.

Algumas formigas, que chegam a escapar e não são comidas em forma de larva, acabam ficando raquíticas e fracas, porque ninguém está cuidando delas. A família do besouro começa a crescer e se multiplicar, ficando grande e forte, e a das formigas começa a ficar cada vez mais fraca. Se o formigueiro for invadido novamente, as formigas que já estão "enfeitiçadas" vão proteger a larva do besouro em vez de seus próprios filhotes. O engraçado é que isso se assemelha ao que acontece, muitas vezes, dentro de nossas próprias famílias. E é sobre algo parecido que fala Efésios 5.18.

Sendo muito honesto, o Diabo conhece certos besouros que pode usar para entrar na casa dos cristãos. Um dos maiores invasores é algo que chega de forma muito sutil até nós: a *internet*. Alguns pais jamais permitiriam que seus filhos entrassem em um antro de pecado, onde habita a imoralidade, o adultério e a homossexualidade, mas esse "besouro" de múltiplos olhos, que se chama universo digital, está lá despejando as maiores sem-vergonhices, imoralidades e ideias deturpadas.

Outro grande "besouro" é a própria televisão, através de novelas e dos *reality shows*. Tanta podridão está sendo despejada em nossas crianças, e os pais estão como as formigas enfeitiçadas, completamente embriagados e sem reação ao ataque.

Quando a Bíblia fala: "Não vos embriagueis com vinho no qual há dissolução" (Efésios 5.18), ela está dizendo que é errado ficar embriagado com bebida alcoólica, e isso é óbvio, mas vai muito além. Eu creio que está, indiretamente, mostrando que existem várias coisas deste mundo que também poderão nos enfeitiçar e tirar nossos olhos do Senhor Jesus. Diante disso, eu lhe pergunto: O que é que tira seus olhos de Jesus? O que faz com que você fique embriagado? Vou dar um exemplo. Um homem que comprou um carro pela primeira vez, durante a adoração em um culto, pensará: "Preciso lavar meu carro depois". Ou, então, esse homem falta ao culto, e quando um irmão o questiona, ele diz que estava ocupado lavando o automóvel.

Além do carro, também poderiam ser outras coisas, como a prosperidade financeira, por exemplo. Essa pessoa está embriagada, sem colocar as coisas do Reino no primeiro lugar do seu coração.

Ainda sobre a parábola do semeador, a Bíblia define os espinhos como fascinação por riqueza, cuidados da vida mundana e preocupações sufocantes, que invadem a mente e o coração vazios. Quando alguém se sente vazio de Deus, ele sofre as consequências, que são os ataques do inimigo, quase sempre sorrateiros. Às vezes, a pessoa nem imagina que ela está sendo invadida. E por que isso está acontecendo? Porque existe um vazio lá, e essa é a primeira razão pela qual insisto em dizer que é tão importante ser cheio do Espírito Santo de Deus, para que sua vida não seja vazia e, por consequência, invadida.

Existe uma passagem bastante forte no livro de Lucas, em que Jesus diz:

> Quando o espírito imundo sai de um homem, passa por lugares áridos procurando descanso e, não o encontrando diz "voltarei para a casa de onde sai". Quando chega, encontra a casa varrida e em ordem. Então vai e traz outros sete espíritos piores do que ele e entrando passam a viver ali. E o estado final daquele homem, torna-se pior, do que o primeiro. (Lucas 11.24-26 – NVI)

Eu sempre usava esse texto para afirmar que, se uma pessoa é liberta de um demônio, mas não aceita Jesus, o espírito maligno volta com sete outros piores. Isso é verdade, mas creio que o texto não está falando somente desse caso. Não lemos se a pessoa aceitou ou não Jesus, muito pelo contrário, sabemos que o espírito imundo saiu, mas como? Com certeza, ela foi liberta por Deus.

O espírito não sai automaticamente de ninguém, mas sim porque ela passou por um processo de libertação. Sabemos que houve a libertação, mas o texto não para por aí. O demônio diz: "Voltarei para a casa de onde eu saí". Em outras palavras: "Vou entrar naquela pessoa de novo, vou oprimi-la novamente". Então ele volta, e como encontra a casa? Varrida e em ordem. Não é uma casa pecaminosa, nem de alguém que não se converteu, é simplesmente uma casa limpa, purificada, de uma pessoa que foi transformada, e está tudo em ordem, tudo maravilhoso.

Tudo indica que ela nasceu de novo, mas não obedeceu à Palavra. O versículo 18 de Efésios continua dizendo: "Enchei-vos do Espírito [...]". O problema é que essa pessoa não está cheia de Jesus. Ela se converteu, foi limpa, mas ficou vazia. E nesse mesmo contexto em que o Senhor faz essa afirmação, alguns versículos antes, ele diz: "Não deis lugar ao Diabo" (Efésios 4.27). Isso significa que Ele está falando com cristãos, com quem já nasceu de novo. É de extrema importância sermos cheios do Espírito Santo para que, então, consequentemente, não estejamos vazios.

Graças à obra da Cruz, nós estamos reconciliados com Deus, e se quisermos ter o Espírito Santo transbordando em nós, basta pedirmos ao nosso Pai que está nos Céus! Ele quer nos dar essa bênção (Lucas 11.13). Então, o primeiro passo para ser cheio do Espírito Santo é crer, e logo depois, é necessário buscar. Você precisa acreditar e correr atrás para que isso verdadeiramente aconteça!

Nós, como seres humanos, podemos facilmente ser influenciados pelas circunstâncias e por nossas emoções. As crises da vida podem afetar até nossa fé. Isso é natural. Porém, se quisermos preencher o vazio que existe em nós, precisamos crer e buscar o preenchimento do Espírito independentemente do que estamos sentindo, porque nossa fé não pode estar baseada em sentimentos, mas na certeza de quem Deus é.

É normal, por exemplo, ficarmos extremamente alegres se conseguimos alcançar um desejo, como um novo emprego ou um aumento. Assim como também é natural ficarmos tristes se perdemos algo valioso, como uma oportunidade. As situações podem nos afetar, mas quando estamos cheios do Espírito, não são as circunstâncias que nos influenciam, pelo contrário, nós influenciamos o quê e quem está ao nosso redor. Vivemos acima das crises, porque estamos enxergando todas as situações com os olhos do Espírito Santo.

Existe uma lei da Física – que também se aplica ao mundo espiritual – que diz que dois corpos não podem ocupar o mesmo espaço, ao mesmo tempo.[2] Em outras palavras, se nossa vida está preenchida pelo Espírito Santo, nosso coração está cheio do amor de

---

[2] BAPTISTA, José Plínio. **Princípios fundamentais ao longo da história da física.** *Revista brasileira de ensino de Física.* Disponível em *http://www.scielo.br/scielo.php?script=sci_arttext&pid=S1806-11172006000400017.* Acesso em outubro de 2019.

Deus e nossa mente está cheia dos pensamentos de Cristo, então, não há mais espaço para o Diabo colocar tristeza, depressão, angústia, ansiedade e medo dentro de nós. Se não houver brechas e nenhum espaço vazio, ainda que as crises venham, não seremos abalados.

Sermos cheios do Espírito não é algo natural. Exige de nós atitude e fé. E uma vez que nós começamos a nos encher de forma a transbordar, nada poderá ocupar o lugar de Deus em nossas vidas, porque estaremos lotados de alegria e paz para perseverarmos.

A PAZ QUE EXCEDE O ENTENDIMENTO

A paz que adquirimos ao sermos cheios do Espírito é tão sobrenatural que começa a nos transformar. Precisamos aprender a não aceitar algumas situações e entender que, enquanto estivermos vivendo na Terra, podemos vencer qualquer batalha, se nos posicionarmos como pessoas que carregam o mesmo Espírito que estava em Cristo quando Ele venceu a morte e o mundo.

Jesus também fala "A minha alegria eu vos dou, para que a sua seja completa" (João 15.11). Que alegria é essa? O sentimento de ser preenchido por Deus e estar no centro da Sua vontade. Deus deseja que permaneçamos sempre transbordando da alegria do Seu Espírito para transformar os ambientes ao nosso redor. Já ouvi algumas pessoas falarem que, para ser cristão, é preciso ser sério, porque Jesus foi uma pessoa séria. Concordo que nosso Senhor foi sério e intencional em tudo o que fez, porém Ele também era uma pessoa alegre e que promovia alegria por onde quer que passasse.

Eu acredito que as pessoas fazem esse tipo de comentário porque cultivam em seus corações a imagem de um Cristo que está preocupado demais com os problemas do mundo para sorrir, alguém que é santo demais para rir de uma piada ou brincar. Entretanto, vemos na Palavra que as crianças eram atraídas até Jesus. Por acaso, você já viu uma criança ser atraída por uma pessoa carrancuda? Acredito que não. Os pequeninos se deslumbram por pessoas felizes, sorridentes e que gostam de interagir. Cristo vivia tão cheio da alegria de Deus que nem foi preciso registrar essa informação na Bíblia, porque seria o mesmo que escrever que Ele usava roupas todos os dias. E é por isso que as Escrituras fazem questão de destacar o dia em que Ele chorou, porque ver Jesus triste era algo muito raro.

Se nós fomos chamados para sermos como Cristo, também fomos convocados para sermos alegres. Por meio dessa alegria e do nosso caminhar com Deus, temos a oportunidade de manifestar o poder d'Ele. O segredo é entendermos e guardarmos a revelação de Efésios 5.18.

Um outro ponto em que se faz necessária nossa compreensão é quando o apóstolo Paulo, inspirado pelo mesmo Espírito, nos mostra diferentes maneiras de como cooperar com Deus para que nossas vidas sejam cheias do Espírito Santo. Uma delas está registrada no capítulo 4 da carta de Paulo aos Efésios:

Antes, sede uns para com os outros benignos, compassivos, perdoando-vos uns aos outros, como também Deus, em Cristo, vos perdoou. (Efésios 4.32)

A Bíblia diz que somos participantes da natureza divina, e também que "Deus é amor". E o tipo de amor presente na natureza divina é o ágape. Em 1 Coríntios 6.17 diz: "Aquele que se uniu ao senhor se tornou um só espírito com ele". Então, somos um só com Deus. Logo, se Deus é amor, como está escrito em 1 João 4.7-8, nós também somos amor e podemos perdoar. Nunca um cristão nascido de novo deveria dizer: "Eu não consigo perdoar fulano". Isso é antibíblico, é acreditar na mentira do Diabo, porque nossa nova natureza é perdoadora. Temos a capacitação sobrenatural do Espírito Santo que mora em cada um de nós para perdoar e amar a todos.

Ao escolhermos crer nisso e obedecer, estamos sendo cheios do Espírito; quando decidimos perdoar e não guardar mágoas na vida, estamos nos enchendo de Deus e nos tornando mais parecidos com Ele. Quando as mulheres se submetem aos seus maridos com amor e respeito, elas se tornam cheias do Espírito. E quando seus maridos as amam como Cristo amou a Igreja, eles estão sendo cheios desse mesmo Espírito. Quando cooperamos com o Senhor, nos enchemos d'Ele.

Por esse motivo, lemos na Bíblia que, quando o marido não trata a esposa com carinho, com delicadeza, isso interrompe suas orações. Porém, se ele estiver se apropriando da plenitude do Espírito na sua vida, terá a capacitação sobrenatural para tratar sua esposa com respeito e afeto.

O texto bíblico também fala dos filhos em relação aos pais, sobre honrar e ter seus dias prolongados na Terra, como também ser mais cheios do Senhor.

Quando alguém está cheio desse Espírito, ele emana frutos, como amor, alegria, paz, longanimidade, fidelidade, bondade, mansidão e domínio próprio. E assim como sua vida está cheia da Graça, também irá demostrar aquilo que Deus fez por você.

Se estivermos cheios do Espírito, não teremos uma vida vazia e sem sentido. Pois maior é o que está em nós do que o que está no mundo, então sejamos repletos e cheios d'Aquele que é maior e que venceu todas as coisas.

Talvez você esteja perguntando: "Como é ser cheio do Espírito Santo?". Veja a resposta neste texto impressionante:

> Pois todo o que pede recebe; [...] Quem de vocês, sendo pai, daria uma cobra ao filho que lhe pede um peixe? [...] Ora, se vocês, que são maus, sabem dar coisas boas aos seus filhos, quanto mais o Pai celeste dará o Espírito Santo aos que lhe pedirem! (Lucas 11.10-13 – NAA)

A primeira qualificação para receber de Deus o Espírito Santo é sermos verdadeiramente Seus filhos.

Uma vez que nascemos de novo, a Palavra de Deus afirma que nos tornamos Seus filhos (João 1.12). Uma vez filho, o texto acima diz que também é necessário "pedir". Ele garante dar o Espírito Santo para os filhos que Lhe pedirem. Ao liberar sua fé nessa promessa, você poderá orar, crendo que, no mesmo momento em que está pedindo o Espírito, Ele está respondendo à sua oração e dando a você esse preenchimento. Não duvide: a Palavra de Deus não mente. Uma vez que você pediu, Ele diz que agora você recebeu a plenitude do Espírito Santo!

Existe, porém, mais uma coisa que quero ressaltar, e para isso voltemos ao texto de Efésios 5.18: "E não vos embriagueis com vinho, no qual há dissolução, mas enchei-vos do Espírito". Pelo fato do "enchei-vos do Espírito" estar no tempo presente, podemos perceber que Deus quer que nós, que já recebemos a plenitude do Espírito, continuemos a constantemente nos apropriar dela. A realidade é que Deus deseja para você uma vida cheia do Espírito Santo todos os dias. É exatamente por isso que eu vejo você cheio do Espírito Santo!

Capítulo 4

CRESCENDO EM INTIMIDADE COM O ESPÍRITO SANTO

Olhar para a Palavra de Deus em seu idioma original pode nos ajudar a entendê-la. Muitas vezes, seu verdadeiro significado pode ser diluído ou até perdido na tradução do manuscrito bíblico para outras línguas, isso por simples incompatibilidade de linguagem. Mas, ao analisarmos o texto primário das Escrituras, podemos descobrir coisas incríveis, e Tiago 4.5 é um ótimo exemplo.

> Ou supondes que em vão afirma a Escritura: É com ciúme que por nós anseia o Espírito, que ele fez habitar em nós?

Quando lemos essa passagem no original, a palavra "anseia" tem um significado muito mais profundo do que, geralmente, entendemos. Na realidade, ela possui o sentido de desejar intensamente e continuamente, e isso nos diz algo muito poderoso: o Espírito Santo busca ter uma comunhão profunda e incessante com o Homem. Ele quer nos encontrar e ter um relacionamento de intimidade conosco, e assim se tornar nosso melhor amigo.

Você pode até se questionar: "Por que o Espírito Santo desejaria ter um relacionamento comigo? O que levaria uma das três Pessoas da Trindade querer se relacionar com alguém simples como eu?". A resposta para essas perguntas é muito simples: o amor! O Senhor sabe que você e tudo ao seu redor serão completamente transformados para melhor, uma vez que essa maravilhosa comunhão se tornar recorrente. Logo, por se importar tanto, Ele deseja profundamente que isso aconteça. A intensidade com a qual o Espírito busca se relacionar com você é a mesma com a qual Ele o ama.

Entretanto, muitas vezes, podemos pensar: "mas se Ele quer me encontrar tanto assim, por que eu já não tenho desfrutado desse relacionamento tão profundo". Antes de responder a essa pergunta, precisamos entender que relacionamentos são sempre uma via de mão dupla. Não é possível construir intimidade se apenas uma das partes estiver interessada. É necessária a cooperação, o interesse mútuo, para que a comunhão se estabeleça e cresça. Tendo isso em vista, o Espírito Santo nunca irá forçar alguém a se relacionar com Ele. Ainda que nos deseje com uma profundidade indescritível, Ele continua nos amando demais para nos obrigar a atender Seus desejos. O Senhor sempre foi e continua sendo um cavalheiro.

Ele se relaciona conosco de acordo com nosso interesse nessa conexão, sem nunca desrespeitar nossa vontade ou ferir nossos limites. Sendo assim, somos nós quem determinamos nosso grau de intimidade com o Espírito Santo.

Em Tiago 4.8, a Palavra nos diz: "aproximem-se de Deus e Ele se aproximará de vocês" (NVI). Veja que promessa incrível! Deus está dizendo que é você quem determina seu nível de profundidade n'Ele! O Senhor já fez a parte d'Ele ao enviar Jesus para restaurar o acesso que havíamos perdido, e depois enviou o Espírito Santo, que hoje habita dentro de nós, para que, assim, pudéssemos nos relacionar com Ele todos os dias. Tudo o que precisamos fazer é chegar mais perto, ao ponto de ouvirmos Sua voz e a seguirmos onde quer que formos.

Um dos principais pontos para desenvolver uma amizade com o Espírito e a sensibilidade à Sua voz é investir em uma vida de oração constante, pois é nosso principal meio de comunicação com Ele. Isso, porque a oração não foi feita para ser um monólogo, mas um diálogo, em que falamos com Deus, mas também ouvimos o que Ele tem a nos dizer. Você já conheceu alguém que, de tanto falar, não lhe dava oportunidade para dizer alguma coisa também? Muitas vezes, nós fazemos isso com o Senhor. Por isso, precisamos desenvolver uma comunicação saudável com Ele, em que ambos consigam ter sua vez de falar, pois é isso que gerará intimidade.

E vai além. O Espírito Santo deseja uma comunhão tão profunda conosco que uma parte do objetivo de toda essa comunicação é que consigamos entendê-lO até sem as palavras propriamente ditas, mas só de conhecermos quem Ele é e Sua forma de pensar. Você já teve algum relacionamento tão íntimo que conseguia perceber o que a pessoa estava pensando só de olhar para ela? É esse tipo de intimidade que Ele quer ter conosco. Mas, para que isso aconteça, é necessário cultivarmos a comunhão, sempre buscando conversar e descobrir mais sobre Sua mente e Seu coração.

UMA AMIZADE PROFUNDA

Em 2 Coríntios 13.14, a Palavra nos diz: "A maravilhosa graça do Senhor Jesus Cristo, o grande amor de Deus e a amizade profunda do Espírito Santo sejam com todos vocês" (A Mensagem). Essa expressão "amizade profunda", no original, vem da palavra *koinonia*, que não tem uma tradução exata na Língua Portuguesa. Ela carrega o sentido de comunhão profunda, mas também de parceria, associação e comunicação. É literalmente um convite para que Ele seja nosso melhor amigo, caminhando conosco e conversando sobre tudo o que podemos imaginar. Mas a escolha é nossa, de aceitar ou não.

A iniciativa para nos tornarmos amigos do Espírito Santo e vivermos grandes experiências com Ele deve partir de nós. Um grande exemplo de alguém proativo em sua história com Deus foi Pedro, e vemos isso claramente no episódio em que ele andou sobre as águas. No meio daquela tempestade, quando esse discípulo viu Jesus caminhando sobre o mar, ele não esperou que Cristo sugerisse que talvez eles pudessem fazer a mesma coisa. Ele mesmo disse imediatamente: "Senhor [...] se és tu, manda-me ir ao teu encontro por sobre águas" (Mateus 14.28).

Eu imagino que os outros discípulos poderiam ter pensado: "Pedro, se Jesus quisesse que você andasse sobre as águas, Ele mesmo te diria". Mas é justamente por isso que ele viveu essa experiência e os outros não.

Pedro teve iniciativa e, assim, acessou um lugar mais profundo em seu relacionamento com Deus do que todos os que não tiveram a mesma coragem que a sua.

Da mesma forma, quanto mais nós quisermos viver coisas novas com Ele, mais acesso teremos. Basta querer e crer. Como vimos anteriormente: "aproximem-se de Deus e Ele se aproximará de vocês". Isso é fazer nossa parte e cooperar com o Espírito Santo para a criação de um relacionamento íntimo.

Veja só o que a Bíblia nos diz no capítulo 14 de João:

> Se me amais, guardareis os meus mandamentos. E eu rogarei ao Pai, e ele vos dará outro Consolador, a fim de que esteja para sempre convosco. (João 14.15-16)

Certa vez, ouvi John Bevere pregando sobre o versículo acima, e ele disse algo que me abençoou tão profundamente que quero compartilhar com você.

Jesus disse essas palavras para seus discípulos um pouco antes do fim do Seu ministério. Ele estava falando sobre o Espírito Santo, o outro Consolador que viria após sua ascensão aos Céus. Existem duas palavras no grego que significam "outro", *allos* e *heteros*. Sabendo disso, vou usar o exemplo a seguir para explicar a diferença entre as duas. Se eu lhe desse uma banana, e você me dissesse que quer "outra" fruta, como uma maçã ou um mamão, essa palavra seria *heteros*, no sentido de ser diferente do primeiro. Mas se eu desse uma banana a você, e você me dissesse que deseja "outra" banana, essa palavra seria *allos*, que quer dizer um outro idêntico ao primeiro. O "outro" desse versículo, no original, vem da palavra *allos*.

Ainda sobre esse trecho, o termo "consolador", no grego original, é *parákletos*, que quer dizer "aquele que vem ao lado para encorajar". Então, o que Jesus está dizendo é: "Hoje, Eu sou aquele que vocês têm ao seu lado, mas vou ao Pai. Rogarei, então, para que Ele vos mande outro Consolador, que é como eu sou, e estará sempre ao lado de vocês, e vocês podem se relacionar com Ele da mesma forma que fazem Comigo".

Agora, preste atenção ao que a Palavra diz no capítulo 16 deste mesmo Evangelho:

> Mas eu vos digo a verdade: convém-vos que eu vá, porque, se eu não for, o Consolador não virá para vós outros; se, porém, eu for, eu vo-lo enviarei. (João 16.7)

Aqui, a palavra usada é novamente *parákletos*. Porém, o mais interessante nesse texto é o início: "Mas eu vos digo a verdade...". Por que Jesus precisaria reafirmar aos seus discípulos que o que dizia era verdade?

O Senhor nunca havia mentido para eles, e tudo o que falava se cumpria. Então, por que dizer isso? Porque essa afirmação é tão gloriosa que era quase boa demais para ser verdade. Afinal, Jesus, o Filho de Deus, estava dizendo que era bom que Ele fosse embora, para que tivéssemos acesso ao *parákletos*. Em outras palavras, ter o Espírito Santo seria melhor do que ter Cristo em carne e osso, e isso era algo que os discípulos consideravam praticamente impossível.

Mas por que ter o Espírito Santo é melhor do que ter o próprio Cristo conosco? Isso até soa ofensivo, não é verdade? Apenas pare para pensar na seguinte situação. Quando Jesus andou entre nós, Ele teve de assumir a forma humana, ou seja, não seria possível sempre estar presente com cada um, até porque encontrava-se preso ao fator espaço-tempo.

Então, poderia acontecer de, algumas vezes, alguém querer estar com Ele, mas isso ser impossível, pois Jesus estaria com outra pessoa, ou em outro lugar. Porém, o Espírito Santo está sempre conosco, com todos nós, nos ajudando e se relacionando com cada um. Jesus, como homem, precisava dormir, mas o Espírito nunca descansa. Ele está sempre disponível, 24 horas por dia, 7 dias por semana, para ter comunhão conosco. Como foi dito acima, Ele está ao nosso lado em todo o tempo, sempre disposto a nos ajudar.

Diante disso, imagine alguém caminhando em uma praia sozinho com Jesus, e essa pessoa não conversa, não faz nenhuma pergunta, simplesmente continua andando como se Ele não estivesse lá. Chega a ser ridículo considerar tal situação, não é mesmo? Mas é igualmente ridículo caminhar com o Espírito

Santo dentro de nós e não nos relacionarmos com Ele. O problema é que, muitas vezes, nós já ouvimos essas verdades sobre o Consolador, mas não permitimos que elas criem raízes em nossos corações. Dessa forma, temos muita informação sobre o quão bom Ele é, mas não O conhecemos de verdade. Está na hora de vivermos uma comunhão real com a Pessoa do Espírito Santo, através de uma amizade profunda e verdadeira.

No entanto, existem algumas coisas que podem nos impedir de desenvolver uma relação de intimidade com o Espírito. E a primeira é a tolerância ao pecado.

TOLERÂNCIA AO PECADO

Não entristeçam o Espírito Santo de Deus, com o qual vocês foram selados para o dia da redenção. (Efésios 4.30 – NVI)

Quando eu falo sobre tolerar o pecado, não estou me referindo a alguém que luta contra ele constantemente, pedindo ao Espírito Santo por ajuda, que realmente está buscando transformação. É sobre quem conhece a Cristo, mas, mesmo assim, continua levando uma vida de iniquidade, sem buscar mudança ou arrependimento. Quando nos encontramos nessa situação, entristecemos o Espírito Santo, e isso é muito danoso para o nosso relacionamento com Ele. Ao contrário de entrarmos em cooperação com o Senhor para termos nossas vidas transformadas, damos as costas para o que Ele nos diz, e, dessa maneira, prejudicamos nossa amizade com o Espírito de Deus.

Tenho certeza de que você já viveu momentos em que sentiu que Ele se entristeceu dentro de você. Eu já passei por isso, e preciso lhes dizer uma coisa: não existe sensação pior do que essa. Saber que você acabou de magoar seu melhor amigo, que está sempre ao seu lado, é algo indescritível.

Por muitas vezes, nos enganamos ao pensar que o Espírito Santo fica magoado apenas com os categorizados "pecados grandes", aqueles que todos sabem que não devem cometer, mas isso não é verdade. Por exemplo, já percebi o Espírito se entristecer quando eu e alguns pastores estávamos contando algumas piadas. Elas não eram pornográficas, nem continham palavrões, mas eram depreciativas e não agradavam ao Espírito. Nessa ocasião, eu me lembro de sentir que O havia magoado. Outras vezes, eu notei isso quando alguém fazia um comentário negativo a respeito de um irmão da igreja, fofocando sobre sua vida. E são situações como essas que vão requerer transformação da nossa mente e coração.

Quanto mais você tolerar o pecado, menos íntimo do Espírito Santo será. Se você deseja desenvolver uma amizade com Ele, lute contra os pecados a que você tem se submetido, se arrependa e volte a praticar boas obras. Dessa forma, você estará cada vez mais perto d'Ele.

A FALTA DE REVERÊNCIA

A segunda coisa que pode nos impedir de termos comunhão íntima com o Espírito Santo é a falta de reverência.

Não apagueis o Espírito. (1 Tessalonicenses 5.19)

A Bíblia nos alerta que o Espírito pode ser apagado, e uma das maneiras como isso pode acontecer é exatamente por meio da falta de reverência. Muitas vezes, ela se expressa pela redução da sensibilidade ao que o Senhor está fazendo. Ao olharmos para a Palavra de Deus, o Espírito Santo é representado por uma pomba. E uma das características desse animal é se assustar facilmente. Se você não tiver cuidado e delicadeza, não conseguirá se aproximar de uma pomba, pois ela voará para longe. Acredito que o Consolador seja da mesma forma. Ele trabalha de maneira muito sutil, e muitas vezes, por falta de reverência, ofuscamos o que Ele está fazendo no momento.

Foram inúmeras as situações em que presenciei o Espírito fazendo algo incrível durante o culto, pairando sobre a igreja, e algumas pessoas que não tinham sensibilidade alguma começavam a fazer barulho com conversas paralelas ou levantando e arrastando cadeiras fora de hora. Esse tipo de atitude é falta de reverência e temor diante da presença de Deus, quando ela claramente está operando no ambiente. Pode até parecer algo irrelevante, mas é uma coisa muito séria! Se não entendermos que precisamos estar sensíveis ao que Ele está fazendo, não conseguiremos ser íntimos do Senhor, nem desfrutar desses momentos tão preciosos, pois sempre O afastaremos.

Quais são, então, os segredos para mantermos a reverência e não silenciarmos o Espírito? Para entendermos, precisamos retomar alguns versículos no capítulo 5 de 1 Tessalonicenses.

Regozijai-vos sempre. (1 Tessalonicenses 5.16)

Um dos maiores meios de manter o Espírito aceso é através da alegria. Quando nos alegramos no Senhor, atraímos Sua presença. A alegria está para o Espírito Santo assim como o milho está para a pomba. Ele se alegra naqueles que se regozijam n'Ele independentemente das circunstâncias. Muitas vezes, estamos no meio da tempestade e não sentimos a presença do Espírito, mas se escolhermos nos alegrar em Deus, Ele se manifestará, e, assim, seremos completamente renovados. Esse é um dos maiores segredos para atraí-lO.

De fato, nossas atitudes durante momentos de tribulação têm o poder de atrair o Espírito de forma poderosa. Se reagirmos aos problemas com desespero e medo, estamos na contramão da Sua obra. Mas, se entrarmos em oração e darmos graças em meio à prova, Ele se revelará de forma ainda mais profunda. Quanto mais você confia em Deus, mais Ele se aproxima de você, pois confiança e intimidade são duas coisas que estão conectadas.

Outra forma de manter a reverência é não desprezar aquilo que Deus diz para você, seja nos seus momentos com Ele ou através de pessoas. Da mesma maneira que nós nos sentimos desrespeitados quando alguém não leva o que falamos a sério, isso também acontece com Deus. Por isso, não devemos reproduzir esse comportamento com Ele. Claro que precisamos filtrar as palavras que recebemos de outras pessoas, pois elas podem errar, mas sempre com respeito e temor do Senhor.

Além disso, é importante prestar atenção nas nossas brincadeiras, para não acabarmos passando dos limites e desrespeitando Deus, pois essa é uma forma muito comum de irreverência. Busque sempre honrar ao Senhor com suas palavras, e não fazer piadas e comentários indelicados e maldosos, pois isso nos afasta d'Ele e acaba espantando o mover do Espírito Santo.

O AMOR AO MUNDO

Outra coisa que pode nos impedir de desenvolver um relacionamento profundo com o Espírito Santo é o amor ao mundo e às coisas que vêm dele. Observe o que a Bíblia diz a respeito disso:

> Infiéis, não compreendeis que a amizade do mundo é inimiga de Deus? Aquele, pois, que quiser ser amigo do mundo constitui-se inimigo de Deus. Ou supondes que em vão afirma a Escritura: É com ciúme que por nós anseia o Espírito, que Ele fez habitar em nós? (Tiago 4.4-5)

Aqui, Tiago está falando com pessoas que já conheciam a Jesus. Ele as chama de infiéis, mas não porque estavam comentendo adultério em seus casamentos, e sim porque amavam mais ao mundo do que a Deus. É daí que vem o ciúme que o Espírito sente por nós. Ele não divide o trono do nosso coração com ninguém.

Mas, o que são as coisas deste mundo? Elas são tudo aquilo que é superficial e passageiro, que, de maneira sutil, pode tomar um lugar de destaque em nossa vida. O materialismo e a cobiça são grandes inimigos do nosso relacionamento com o Espírito Santo, pois tentam ocupar o lugar de prioridade, que deve sempre pertencer a Deus. Por isso, a Palavra diz que o amor às coisas deste mundo nos posiciona como inimigos do Senhor.

É importante ressaltar que não é pecado ter coisas materiais. Esse é um engano que muitas pessoas cometem ao interpretarem esse trecho da Palavra de uma forma errônea, demonizando os bens em si. O problema não está em ter, mas sim em amar o que se tem mais do que ao Senhor. Você pode ter bens, mas é mais importante manter seu coração completamente firmado em Deus, para então usá-los para expandir Seu Reino. Não é pecado você ter coisas, é pecado as coisas terem você.

> Não ameis o mundo nem as coisas que há no mundo. Se alguém amar o mundo, o amor do Pai não está nele; porque tudo que há no mundo, a concupiscência da carne, a concupiscência dos olhos e a soberba da vida, não procede do Pai, mas procede do mundo. (1 João 2.15-16)

Lembro-me claramente da vez em que eu ganhei meu primeiro carro zero. Eu tinha entre 18 e 19 anos e morava nos Estados Unidos. Estava no segundo ano de faculdade, e nem sei se algum outro aluno tinha um carro zero. E lá estava eu, um brasileiro, fazendo graça para os americanos. Porém, comecei a ficar orgulhoso e muito apegado àquele automóvel. Foi necessário, então, que eu reconhecesse meu erro, me arrependesse e colocasse Deus de volta ao primeiro lugar do meu coração.

Os bens materiais podem nos conquistar de formas muito sutis, por isso, é sempre bom checar onde está nosso amor: em Deus ou no mundo. Vão existir momentos em que você terá de lutar contra sua atração pelas coisas e contra as práticas que têm tomado o lugar de prioridade em seu coração, se esforçando para se achegar novamente a Deus, lendo a Palavra e persistindo em uma vida de oração. É nessas horas que nós sacrificamos aquilo que é valioso para obter algo ainda mais precioso, que é a comunhão com o Espírito Santo.

Quando Tiago estava falando sobre o ciúme que o Senhor sente por nós, na verdade, ele estava se referindo a trechos que já estavam nas Escrituras, que detalhavam ainda mais esse sentimento do Espírito a nosso respeito, e o porquê disso. Tanto é que o apóstolo diz: "Ou supondes que em vão afirma a Escritura". E é a respeito das seguintes passagens bíblicas que ele está falando:

> Não farás para ti imagem de escultura, nem semelhança alguma do que há em cima nos céus, nem embaixo na terra, nem nas águas debaixo da terra. (Êxodo 20.4)

> Porque não adorarás outro deus; pois o nome do Senhor é Zeloso; sim, Deus zeloso é ele. (Êxodo 34.14)

> Pois o provocaram com os seus altos e o incitaram a zelos com as suas imagens de escultura. (Salmos 78.58)

Tendo esses textos como base, podemos entender que o Senhor sente ciúmes de nós quando colocamos qualquer coisa no lugar que deveria pertencer somente a Ele. Seja o que for, se damos a primazia a alguém que não seja Deus, incitamos zelo em Seu coração, pois Ele é o único que merece estar no mais alto posto em nossas vidas. E isso vale para tudo, sejam seus bens materiais, seu ministério, sua família e seu trabalho. Nada deve ocupar o lugar do Senhor em nossos corações, e enquanto não corrigirmos a ordem de prioridades, continuaremos a nos distanciar de um relacionamento íntimo e profundo com o Espírito.

CULPA E CONDENAÇÃO

A última coisa que pode nos afastar de uma amizade verdadeira com o Espírito Santo são os sentimentos de culpa e condenação. Muitas vezes, nós nos vemos lutando contra pensamentos que nos dizem que não devíamos estar em intimidade com o Consolador, pois somos culpados e estamos sujos, mas essa é uma estratégia do Inimigo para nos impedir de desenvolver um relacionamento com Ele. Até porque, quando você não se sente digno de estar na presença de Deus, você não se torna íntimo d'Ele.

Para vencermos essa mentira, precisamos entender três coisas importantes sobre esse sentimento:

O SENTIMENTO DE CONDENAÇÃO TRABALHA NO INCONSCIENTE PARA NOS IMPEDIR DE NOS ACHEGARMOS A DEUS

Muitas vezes, nós não iremos perceber, em princípio, que estamos debaixo da condenação, pois é algo que trabalha no nosso inconsciente. Então, precisamos sempre estar atentos para identificar isso o quanto antes, para que nosso relacionamento com o Espírito Santo não seja prejudicado, e sim fortalecido na luta contra a condenação.

O INIMIGO QUER QUE VOCÊ CULTIVE ESSE SENTIMENTO PARA MINAR SUA INTIMIDADE COM O SENHOR

É preciso entender que o Inimigo irá trabalhar duro para fazer que você permaneça nesse estado de culpa, cultivando um coração que não se volta para Deus, pois assim ele prejudica seu relacionamento com o Espírito Santo e aumenta o controle que tem sobre sua vida. Por isso, quando identificar a culpa em você, aja rapidamente para mudar essa situação. Quanto maior a demora, maior a distância entre você e o Consolador.

A CHAVE PARA VENCER A CONDENAÇÃO É O ARREPENDIMENTO VERDADEIRO QUE OCORRE NA PRESENÇA DE DEUS

Quando entramos em uma posição de humildade, nos arrependemos do nosso pecado e clamamos pelo sangue de Jesus. Ele nos lava não apenas do pecado, mas de toda acusação que possa nos atacar. Dessa forma, somos completamente limpos e podemos continuar a crescer em intimidade com o Espírito.

É por isso que o texto em Tiago continua da seguinte forma:

> Antes, ele dá maior graça; pelo que diz: Deus resiste aos soberbos, mas dá graça aos humildes. Sujeitai-vos, portanto, a Deus; mas resisti ao diabo, e ele fugirá de vós. (Tiago 4.6-7)

Logo após dizer que o Espírito sente ciúmes de nós, Ele nos ensina como aplacar esse sentimento: devemos nos apropriar da graça e nos sujeitar a Deus em humildade. Assim, resistiremos ao Inimigo e ele fugirá de nós.

Sendo assim, para que nosso relacionamento com o Espírito Santo continue crescendo e se aprofundando, devemos nos achegar humildemente a Deus e pedir perdão por qualquer desses impedidores que nutrimos em nossa vida.

Não permita que o Inimigo continue afastando você do Espírito. Agora é hora de começar a viver algo novo! Assim que terminar de ler este parágrafo, deixe o livro de lado, feche seus olhos, peça perdão a Deus por todos os pontos mencionados acima que você conseguiu enxergar em sua vida, e se aproprie da graça de Cristo. Declare sobre você mesmo que fará do Espírito Santo seu melhor amigo!

Capítulo 5

UM RELACIONAMENTO COM O ESPÍRITO SANTO

Acredito que estamos na era do Espírito Santo, mas deixe-me explicar. Nos dias do Velho Testamento, Deus se revelou como criador do Universo e, ao mesmo tempo, como um Deus pessoal – Aquele que criou a humanidade exclusivamente para ter um relacionamento com Ele. Perante isso, ao transmitir uma mensagem ao Faraó, o Senhor chama o Seu povo Israel de filho:

> Dirás a Faraó: Assim diz o Senhor: Israel é meu filho, meu primogênito. Digo-te, pois: deixa ir meu filho, para que me sirva; mas, se recusares deixá-lo ir, eis que eu matarei teu filho, teu primogênito. (Êxodo 4.22-23)

Das três Pessoas da Santíssima Trindade, a primeira, Deus Pai, é quem se manifestou no Velho Testamento. Podemos, então, denominar essa época como a era de Deus Pai.

Quando Jesus veio à Terra, Ele inaugurou um novo tempo. Deus se fez carne e habitou entre nós, a humanidade. Então, podemos intitular os Evangelhos como a era do Deus Filho. Em outras palavras, Deus usou a segunda Pessoa da trindade, Jesus, para se revelar à humanidade.

Por fim, antes de Jesus subir aos Céus, Ele disse que enviaria o Espírito Santo. O Mestre prometeu aos Seus seguidores que o Espírito viria sobre eles e habitaria dentro de cada um para sempre. Quando isso aconteceu, inaugurou-se a era do Deus Espírito Santo. Ele é a terceira Pessoa da Trindade.

Dessa forma, podemos afirmar que estamos na era do Espírito Santo! Ele quer se manifestar para a humanidade. Vale a pena cultivar uma profunda amizade com Ele. Antes de começar a compartilhar algumas preciosidades, deixe-me abordar um assunto que tem despertado dúvida a respeito da Trindade.

A Santíssima Trindade é um só Deus, mas que, na verdade, se revela em três Pessoas. A questão é: será que dentro da Trindade existe um que é mais importante do que outro? Não! Então por que o Pai é chamado de "primeira Pessoa"? Isso ocorre por causa da hierarquia no sentido de organização. Os Três são de igual importância, porém Jesus e o Espírito Santo foram escolhidos para serem submissos ao Pai. Da mesma maneira, a Bíblia mostra que o Espírito é submisso ao Senhor Jesus.

O TRONO DO ESPÍRITO SANTO

Você já se perguntou, alguma vez, onde fica o trono do Espírito Santo? A Trindade é onipresente. Isso significa que Deus está em todo lugar ao mesmo tempo. No entanto, a Bíblia mostra que, quando se trata das Pessoas da Trindade, cada uma "centraliza" Sua presença em algum lugar. Por exemplo, Jesus estava aqui na Terra e ensinou a orar ao Pai nosso que está nos Céus. Ele também disse que, se Ele não subisse aos

Céus, o Espírito não viria. Além disso, prometeu que, ao ascender, enviaria o Espírito Santo.

Assim, a Palavra mostra que o trono do Pai fica no Céu, e o do Filho, à Sua direita (Marcos 16.19 e Efésios 1.20). Então, onde fica o trono do Espírito Santo? Sabemos que Ele é onipresente, mas onde é que Ele centraliza Sua presença?

Você está preparado para esta resposta? Então vamos lá, o trono do Espírito Santo está em você! O principal lugar da morada do Espírito do Senhor é dentro do seu espírito, e assim acontece com todos os que já nasceram de novo. É verdade. Nós somos a habitação do precioso Espírito de Deus!

E por que é importante que o Espírito Santo habite em nós? Existem muitas razões. Uma delas é para poder manifestar Sua vida em nós e através de nós. É por isso que Paulo disse em Gálatas 2.20: "Assim, já não sou eu quem vive, mas Cristo vive em mim" (NVI). O Espírito sempre exalta o nome de Jesus, e Ele quer viver por meio de nós de tal maneira que toda nossa vida esteja refletindo Cristo, Seu caráter, Sua santidade, Seu amor e Seu domínio próprio. Quando o cristão realmente toma posse da presença manifesta do Espírito na sua vida, ele começa a se parecer mais e mais com Jesus.

Aqui está outro motivo pelo qual a presença do Espírito dentro de nós é tão importante: para nos ajudar nas nossas orações. Veja esta passagem da Bíblia:

Também o Espírito, semelhantemente, nos assiste em nossa fraqueza; porque não sabemos orar como convém, mas o mesmo Espírito intercede por nós sobremaneira, com gemidos inexprimíveis. E aquele que sonda os corações sabe qual é a mente do Espírito, porque segundo a vontade de Deus é que ele intercede pelos santos. (Romanos 8.26-27)

O Espírito Santo deseja ser seu melhor e mais íntimo amigo. Ele quer que você saiba conversar com Ele em comunhão, além disso, Ele quer ajudá-lo em oração. Devemos lembrar que o relacionamento com Deus e a própria oração devem ser praticados de forma muito genuína, sem necessidade de alteração no tom de voz, por exemplo. Não é comum observar algumas pessoas que, quando vão orar, mudam a voz de uma forma muito estranha? Eu imagino que Deus esteja respondendo: "Meu filho, você não tem de falar desse jeito tão diferente. Por favor, converse naturalmente comigo!".

Outras pessoas, ao orarem, simplesmente nunca param para deixar Deus responder. Em vez de aprenderem a ouvir a voz de Deus no espírito, elas simplesmente oram sem dar nenhum espaço para o Espírito Santo comunicar e trazer um resposta divina para seu interior. A oração não existe para ser um monólogo. Ela é um diálogo, em que você fala com Ele, obtém sua resposta, e, assim, uma intimidade com o Pai, com Jesus e com o Espírito Santo é cultivada.

Quando eu vou orar e ler a Bíblia, gosto muito de pedir ao meu melhor amigo, o Espírito Santo, que me guie, para que eu possa compreender o que Deus está querendo falar comigo pelas Sagradas Escrituras. Ele ama conversar conosco. Afinal de contas, Ele mora dentro de nós!

Mas, infelizmente, por muitas vezes, o Espírito Santo tem sido a Pessoa mais esquecida na Igreja! Muitos nem se lembram d'Ele na hora de orar pelos enfermos e quando vão pregar. Como querem ter um ministério frutífero sem a ajuda do Espírito? E até quando se lembram do Senhor, é só para usufruir do poder que Ele carrega para realizar a obra de Deus. Muitos querem usá-lO, mas não cultivam um verdadeiro relacionamento com Ele.

Francis Chan[1] disse uma vez, em uma de suas pregações: "Se eu fosse Satanás e meu objetivo final fosse frustrar os propósitos de Deus e Seu Reino, uma de minhas principais estratégias seria levar os frequentadores de igreja a ignorar o Espírito Santo".

Eu sou pastor de uma igreja e, por diversas vezes, senti muita pressão, pois queria cuidar melhor das pessoas, queria saber os planos de Deus para a comunidade que eu pastoreio, e precisava de poder sobrenatural para pregar e orar pelos enfermos. Quando eu aprendi a cultivar a intimidade com o Espírito Santo,

---

[1] Fundador do Eternity Bible College, autor de *best-sellers* como *Louco amor* e *Cartas à igreja*.

minha vida mudou completamente! Eu sei muito bem que as milhares de vidas que Deus tem tocado através de mim, na realidade, não são por minha causa. Isso, de fato, acontece "apesar" de mim. É verdade, o Espírito Santo tem feito grandes coisas, até mesmo quando eu piso na bola e falho. Eu tenho aprendido a confiar na misericórdia de Deus, pedir perdão pelos meus erros e, assim, contar com a ajuda do Espírito Santo. É impressionante como Ele me traz as palavras certas, soluções, ideias, além de força física, emocional e espiritual. O Espírito, com certeza, é a razão de todo e qualquer sucesso que Deus tem derramado na minha vida pessoal, na minha família e no meu ministério.

Por muitos anos, tenho afirmado que o Espírito Santo é o pastor principal da igreja que tenho o privilégio de liderar. Sempre digo a todos que eu sou somente o auxiliar do Espírito.

Certa vez, fui convidado para ser um dos preletores em uma grande conferência para pastores e líderes. Eu estava sentado na plataforma com os outros palestrantes. O pastor que estava ministrando era um maravilhoso auxiliar de pastor em uma grande igreja. Ele disse: "Hoje quero pregar para os pastores auxiliares. Quem for pastor auxiliar, por favor, fique em pé nesse momento". As pessoas sabiam que eu era o líder titular da igreja que pastoreava, porém eu tinha consciência de que, na realidade, eu era somente o assistente. Por isso, naquele momento, eu fiquei em pé. Alguém disse para mim: "Pastor Abe, é apenas para os pastores auxiliares se levantarem". Eu respondi: "Sim, eu sei. Eu sou auxiliar, porque o pastor principal é o Espírito Santo!".

Quando surgem os problemas, as angústias ou situações difíceis, eu vou correndo para Ele. Em meus momentos de vulnerabilidade, digo: "Precioso Espírito Santo, quando todo mundo elogia, eu reconheço a verdade de que o Senhor é a real razão de todo o sucesso. O Senhor é o pastor principal da nossa comunidade. Por isso, sei que é Quem nos ajudará a resolver esses problemas. Sei que o Senhor vai cuidar de tudo!".

Confesso que não existe nada que eu deseje mais do que crescer em intimidade com o Espírito do Senhor. Esse relacionamento com Ele tem feito toda diferença na minha vida, no meu casamento, na criação dos meus filhos e no meu ministério. Reconheço que, muitas vezes, já falhei por não praticar comunhão e intimidade plenas com o Senhor.

Tantas vezes, já pedi perdão por tê-lO ignorado, andado sozinho no carro sem falar com Ele, ou até tentado resolver um problema sem recorrer a Ele. Estou crescendo e sei que vou, cada vez mais, continuar cultivando minha intimidade com o Senhor.

Uma vez, eu estava sozinho na sala de casa adorando a Deus e me abastecendo do Seu amor através da presença manifesta do Espírito Santo. Em determinado momento, minha esposa gentilmente me interrompeu e me chamou para comermos uma refeição. Preocupado em não deixar a comida esfriar, saí rapidamente da sala. Porém, senti no meu espírito que Ele estava querendo um tempo maior comigo naquela sala. Podia sentir Seu amor me atraindo de volta para aquela atmosfera de entrega e adoração. Em questão de segundos, eu rapidamente retornei para o cômodo, e Sua presença invadiu meu ser. Senti como se estivesse transbordando de poder.

Apesar de essa experiência ter durado menos de um minuto, minha vida nunca mais foi a mesma. Bastou um encontro com Ele para que tudo mudasse. Eu tenho certeza de que o Espírito me ama tanto que estava somente querendo mais um pouco de tempo a sós comigo naquela situação!

Uau! Quero lhe encorajar a cultivar mais seu relacionamento com o Espírito Santo. Ele deseja muito andar com você, ser seu melhor amigo, conversar e ajudar você em tudo. Ele o ama demais!

Talvez você esteja, neste exato momento, pensando: "Eu quero me relacionar mais profundamente com Ele. Mas como posso ouvir a voz do Espírito Santo?". No próximo capítulo, vamos nos aprofundar nesse assunto tão importante.

Capítulo 6

COMO OUVIR A VOZ DO ESPÍRITO SANTO

Uma das coisas mais importantes no desenvolvimento de qualquer relacionamento é uma boa comunicação. E isso não é diferente na nossa comunhão com o Espírito Santo. Por mais que isso talvez não seja uma grande novidade, desenvolver um diálogo constante com o Senhor tem se mostrado uma tarefa difícil para muitas pessoas. Eu acredito que isso aconteça porque a maioria delas sabe falar com o Espírito, através da oração, mas não sabe ouvir Sua voz, e isso acaba impossibilitando o aprofundamento da intimidade com Ele. Portanto, neste capítulo nós iremos aprender a ouvir a voz do Espírito Santo.

Muitas pessoas acreditam que somente os profetas, ou os grandes homens e mulheres de Deus, conseguem escutar a voz do Senhor, mas isso não é verdade. Todo ser humano foi criado para ouvir Seu Criador. Quando Deus nos criou, Ele nos fez para termos um relacionamento e uma comunhão com Ele.

Porém, nas muitas vezes em que temos dificuldade para ouvi-lO é porque estamos limitando Seu agir e as formas como Ele fala conosco. Não sei se você já parou para pensar sobre isso, mas nosso Deus é o ser mais criativo e inovador do Universo. Portanto, Sua capacidade de se expressar e se comunicar com Seus filhos é simplesmente ilimitada. Através das histórias bíblicas, podemos notar que Ele se comunica das mais variadas formas: por meio de Sua Palavra, na nossa consciência, de manifestações angelicais, de visões, de sonhos, na própria natureza (criação), audivelmente ou até mesmo por meio de uma jumenta, como foi no caso de Balaão (cf. Números 22.28).

Logo, a verdade é que Deus pode falar conosco de diversas maneiras, mas o problema é que simplesmente não O entendemos, pois estamos focados demais nas formas e nos meios que nós mesmos estabelecemos.

Ouvir a voz de Deus é mais simples do que imaginamos. Tudo o que precisamos fazer para escutá-lO é aquietar, por alguns instantes, as vozes ao nosso redor. Precisamos nos posicionar para estarmos sensíveis ao Espírito Santo, de forma que qualquer sussurro d'Ele ecoe como um grito dentro de nós.

Neste capítulo, vamos falar sobre alguns segredos importantes, que são como chaves para destravarmos nossos ouvidos espirituais e nos atentarmos à voz do Espírito.

MANTENHA UMA BOA CONSCIÊNCIA

Mantendo fé e boa consciência, porquanto alguns, tendo rejeitado a boa consciência, vieram a naufragar na fé. E dentre esses se contam Himeneu e Alexandre, os quais entreguei a Satanás, para serem castigados, a fim de não mais blasfemarem. (1 Timóteo 1.19-20)

A primeira chave para ouvirmos a voz do Espírito Santo é manter a boa consciência. Comprovamos nestes versículos que apenas a preservação da fé não é suficiente, mas ela deve ser acompanhada da manutenção de um coração em paz com Deus. Quando a primeira se torna nossa única preocupação, negligenciamos a segunda, e corremos o risco de naufragar na mesma fé que outrora tentavámos proteger.

A manutenção de um coração em paz com Deus é extremamente importante para ouvirmos Sua voz. Pela boa consciência, preservamos nossa fé, e é pela fé que ficamos sensíveis ao Espírito Santo.

Sendo assim, como podemos manter a boa consciência? Abraçando um estilo de vida de santidade. Quanto mais cultivarmos a intimidade com Deus, investindo na leitura da Palavra e em adoração, diremos "sim" constantemente para Jesus. Quando estamos cheios de Cristo, o pecado vai caindo por Terra.

Lembre-se: se já entregou a vida para o Senhor, você tem acesso ao relacionamento de intimidade com Deus pelos méritos daquilo que Ele mesmo já fez por você na Cruz. Creia e receba, não somente seu perdão, mas o poder sobre todo pecado. Viver uma vida de separação ajuda a manter uma boa consciência, que, por sua vez, forma a base de sustentação que libera uma fé viva nas promessas de Deus. Assim, é possível apoderar-se de uma vida de intimidade com o Espírito Santo.

A Bíblia diz que muitos não mantiveram a boa consciência e, portanto, naufragaram na fé. Quando o cristão leva a vida de santidade a sério, sua fé fica robusta. Porém, um engano comum é pensar que são as atitudes virtuosas que levam ao relacionamento com Deus, mas, na verdade, é justamente o contrário. Nossa confiança não pode estar nos nossos próprios méritos, mas no fato de que a nossa fé no Senhor é verdadeira, uma vez que está produzindo frutos de arrependimento real.

Além disso, para vivermos longe das práticas carnais, precisamos buscar ajuda não somente no Espírito, mas também no Corpo de Cristo. Um dos segredos mais preciosos para aqueles que buscam vencer o pecado é a vida em comunidade, na qual encontramos pessoas de maior experiência em sua caminhada com Cristo, que podem nos auxiliar a vencer aquilo que não conseguimos derrotar sozinhos.

Uma das maiores mentiras em que o Diabo quer que você acredite é que não precisa do Corpo, e que, na verdade, apenas seu relacionamento com o Senhor é o suficiente. Essa é uma estratégia do Inimigo para manter você longe dos benefícios da comunidade, pois ele sabe que sozinhos somos mais vulneráveis a seus ataques e enganos. Precisamos erradicar essa mentira de uma vez por todas, entendendo que, juntos, somos mais fortes do que jamais seríamos desacompanhados. Nem mesmo Jesus caminhava sozinho, então, por que nós faríamos isso? Temos de começar a agir de acordo com o plano de Deus para nós e fazer parte da Sua Igreja.

Outro segredo para conseguirmos caminhar em pureza perante o Senhor é não darmos ouvidos para as mentiras do Inimigo. Sempre que caímos em pecado, ele vem seguido de enganos da parte de Satanás, que constantemente busca nos afastar da presença de Deus, pois sabe que, se entrarmos em um lugar de arrependimento e intimidade com o Espírito, seguiremos crescendo e amadurecendo em Cristo. Portanto, sempre que errarmos, não podemos deixar que a culpa nos consuma, mas devemos correr para a presença do nosso melhor amigo, o Espírito Santo, pois é Ele quem pode nos limpar e nos colocar de pé mais uma vez.

E o último segredo para experimentarmos uma vida santa é nos arrependermos rapidamente. Muitas vezes, já sabemos onde erramos, mas lutamos contra isso, o que atrasa um dos processos mais importantes na caminhada cristã, que é o arrependimento. Quanto mais tempo levamos nessa jornada, mais nos distanciamos do Espírito Santo, correndo o risco de abandonar a boa consciência e, então, naufragar na fé. Sendo assim, sempre que você identificar um pecado na sua vida, prontamente se arrependa. Dessa forma, você irá restaurar sua intimidade com o Senhor e desfrutará de um relacionamento íntimo com o Consolador.

UTILIZE O CRIVO DAS ESCRITURAS

A segunda chave para ouvirmos a voz do Espírito Santo é usar o crivo da Palavra. Geralmente, quando o Espírito fala conosco, esse diálogo acontece em nossos espíritos, por meio de impressões, visões e sensações. Esse tipo de comunicação, em princípio, pode ser bastante abstrata para nós, que estamos acostumados a interagir diretamente com pessoas de carne e osso. Logo, é muito normal que, às vezes, quando o Consolador fala conosco, tenhamos pensamentos como: "Será que estou realmente ouvindo a voz de Deus, ou é tudo coisa da minha cabeça?". Isso pode acontecer principalmente quando estamos aprendendo a reconhecer a voz do Senhor. Contudo, existe uma forma muito mais concreta de ouvir e reconhecer Sua voz: lendo a Bíblia.

As Sagradas Escrituras são verdades objetivas a respeito da vontade de Deus para nós e dos princípios eternos do Reino. Tudo o que está registrado na Bíblia é verdade. Logo, se quisermos desenvolver nossa "audição espiritual", devemos nutrir o hábito de ler constantemente a Palavra e submeter tudo o que recebemos do Espírito Santo a ela.

Se o que ouvimos não tem ligação com as Sagradas Escrituras, sabemos, com certeza, que aquilo não veio do Senhor, porque o Espírito Santo nunca vai contradizer Sua própria Palavra. Tudo o que ouvirmos precisa passar pelo crivo da Bíblia.

Gosto de dizer que temos de ser como os bereanos, os judeus da cidade de Bereia. O que isso significa? Veja só como o autor de Atos descreve esses cristãos:

> Ora, estes de Bereia eram mais nobres que os de Tessalônica; pois receberam a palavra com toda a avidez, examinando as Escrituras todos os dias para ver se as coisas eram, de fato, assim. (Atos 17.11)

A Bíblia diz que os bereanos eram distintos dos tessalonicenses, porque eles recebiam de bom grado o Evangelho. Os cristãos de Bereia queriam entender o que Paulo e Silas ensinavam para poderem comparar com aquilo que estava no Antigo Testamento e, assim, conseguirem tomar um posicionamento a respeito de tudo. Eles buscavam a confirmação das Boas Novas passando pelo crivo da Palavra de Deus. Colocavam as Escrituras acima de quaisquer outras fontes pretensas de autoridade.

Se quisermos evitar muitas frustrações, precisamos ser como os bereanos para saber filtrar, através da Palavra, tudo o que recebemos individualmente e por meio de outras pessoas também. Digo isso por experiência própria.

Quando eu ainda era um pastor jovem e solteiro em Santarém, uma profetisa muito famosa na cidade me mandou um recado, dizendo que tinha uma "encomenda" para mim, no caso, uma palavra profética.

Naquele tempo, eu era tão jovem e ingênuo que não imaginei que se tratava de uma profecia. Achava que ela havia participado de alguma festa de aniversário e gostaria de me honrar enviando um pedaço do bolo.

Na minha inocência, fui até a casa dela para buscar a tal encomenda. Assim que eu toquei a campainha, seu marido abriu a porta e eu me apresentei, comunicando que havia passado lá para pegar o que me fora prometido. Ele me recebeu com muito carinho, me conduzindo até a sala para esperar enquanto a chamava.

Aguardar que ela viesse do quarto para a sala demorou mais do que eu imaginei. Porém, assim que ela apareceu, senti algo estranho na atmosfera espiritual. A profetisa aparentava ser uma dona de casa comum, mas, logo que começou a falar, parecia que estava interpretando uma vidente. No instante em que me viu, ela disse: "Vem comigo até o quarto!". Naquele momento, eu só conseguia pensar: "Onde foi que eu me meti, meu Deus?". Não queria parecer mal-educado, então a acompanhei até o quarto que ela indicou, e aquele cômodo era muito esquisito.

O quarto, na realidade, era como uma grande sala com pouca iluminação. Continha uma mesa pequena onde ela "atendia" as pessoas. De uma forma bem mística, ela me pediu para sentar em uma das cadeiras enquanto ela se sentava em outra. Então, a "profetisa" pegou uma caixinha de promessas com variados versículos bíblicos de encorajamento, exortação e consolo, um produto muito comum entre os evangélicos na década de 1980. Ela me pediu para retirar uma promessa da caixinha e ler em voz alta. Depois disso, ela fez o mesmo.

Ao fim desse ritual, ela entregaria a "encomenda". Mesmo muito desconfortável, procurei fazer o que ela pediu, lendo a promessa e ouvindo atentamente o que ela me dizia. A "encomenda" era uma "profecia": "Deus me deu uma visão. Sua igreja aqui vai começar a diminuir. Ela vai ficar tão pequena que praticamente vai sobrar apenas você nela. Somente quando você se humilhar e se arrepender do seu pecado, Deus fará com que ela cresça de novo".

Assim que ela terminou de falar, eu perguntei, com muita cordialidade, qual seria o pecado do qual eu precisava me arrepender. Ela, seriamente, respondeu: "Porque vocês dançam na hora do culto". Para mim, aquela resposta não fazia sentido. Então, eu decidi passar aquela profecia pelo crivo da Palavra. Com muito amor e paciência, respondi a ela dizendo que sim, que era verdade que nossa igreja dançava para louvar e celebrar a Jesus, mas da mesma forma como Davi fazia. Até trouxe o embasamento bíblico de Salmos 150, que diz: "Louvai ao Senhor com adufes e danças".

Para minha surpresa, ela contestou minha resposta, dizendo que a dança que fazíamos não se encaixava com o que estava na Palavra, porque era, segundo ela, pecaminosa e errada. Então respondi que aceitaria o argumento se ela pudesse me mostrar a base bíblica para dizer que a dança que nós faziámos era realmente pecaminosa. Foi entáo que a tal profetisa se embraveceu e respondeu: "Eu náo preciso ter base bíblica nenhuma. Náo é necessário ter nada de Bíblia. Deus falou comigo". Naquele mesmo momento, comprovei que aquela palavra era ilegítima, porque ela ia contra a Palavra do Senhor. Eu náo destratei aquela senhora, mas, em meu coraçáo, náo aceitei nada do que foi dito e feito. Como o apóstolo Paulo disse em Gálatas 1.8: mesmo que a Palavra venha de um anjo do Céu, náo podemos aceitar nada que se oponha ao que está na Bíblia.

Para a glória de Deus, nada do que aquela mulher disse aconteceu. Nossa igreja só continuou crescendo e se multiplicando, porque permanecíamos desenvolvendo nosso relacionamento com o Espírito Santo e nos submetendo à verdade da Palavra.

Muitas pessoas dizem que estáo ouvindo a voz do Espírito Santo, mas, na verdade, náo estáo ouvindo coisa nenhuma. Por isso, precisamos estar sempre atentos ao que recebemos, sabendo reconhecer qual é a voz de Deus e a do maligno.

RECONHECENDO A VOZ DO MALIGNO

A voz do maligno, diferentemente da voz do Espírito Santo, sempre vem para trazer incredulidade, desânimo, divisáo, murmuraçáo e fofoca. Se a palavra que recebemos diminui nossa fé em Deus, provoca medo e traz dúvidas aos nossos corações sobre nossa identidade em Cristo e sobre o amor do Pai, podemos ter certeza de que a voz que estamos ouvindo não é a do Espírito. Se o que você está escutando gera apenas desânimo na sua vida espiritual, murmuração e divisão em seus círculos sociais, é muito provável que você esteja dando mais atenção às mentiras de Satanás e aos desejos da sua carne do que às verdades de Deus. Porque nada do que é divino causa divisão, mas sim unidade.

Eu já tive a infelicidade de ver muitas comunidades, famílias e igrejas sofrerem divisões traumáticas e acabarem destruídas, porque seus líderes se permitiram influenciar pela voz do maligno, que encoraja o egoísmo. Em todos esses casos, presenciei homens e mulheres forçarem divisões porque alegavam que Deus havia lhes falado que desejava a separação, para que, assim, todos pudessem viver Sua vontade. Os casos mais comuns eram os de líderes que saíam de suas igrejas para começar seus próprios ministérios. A maior parte dessas pessoas não compreendia que o desejo Deus era de multiplicar em unidade.

Não estou dizendo que Deus não pode comissionar uma pessoa a começar um novo ministério fora da sua comunidade local. Ele pode e assim o faz. Porém, o Senhor sempre age debaixo de bênção, sem causar caos, traição ou divisão.

Sempre que falo desse assunto, me lembro da grande luta que meu pai enfrentou para continuar a realizar missões no Brasil, plantando igrejas, sem quebrar os laços com a comunidade a que ele pertencia nos Estados Unidos.

Meu pai foi um grande missionário norte-americano que dedicou a maior parte da sua vida ao cumprimento da Grande Comissão. Um dos locais que o Senhor colocou em seu coração e em que ele mais avançou foi o Brasil. Houve um tempo em que a quantidade de frutos e responsabilidades do ministério cresceram muito, entretanto, as igrejas de sua terra natal eram muito tradicionais, e os líderes norte-americanos começaram a criticá-lo. Para agravar a situação, meu pai acreditava no batismo no Espírito Santo e em Seus dons, o que o levou a ser perseguido pelas autoridades da igreja estadunidense.

Durante essa fase, pessoas bem-intencionadas diziam ao meu pai que ele deveria se desvincular dessa igreja e abrir seu próprio ministério, uma vez que o trabalho que havia começado no Brasil já estava dando mais frutos do que as congregações dos seus líderes nos Estados Unidos. Porém, meu pai sabia que não devia se mover por oportunidade ou necessidade, mas sim por obediência ao que o Senhor lhe falava. Então, com base nas Escrituras, ele sabia muito bem que não era da vontade de Deus causar uma divisão na denominação. Continuou leal aos seus líderes, mesmo sofrendo a perseguição deles, pois ele tinha certeza de que o Senhor é um Deus de unidade, e não de divisão.

Muitos o julgaram como tolo por escolher ficar. Até questionaram se ele realmente estava ouvindo algo de Deus, porque ele não só decidiu permanecer, mas também escreveu cartas para a liderança dele nos Estados Unidos, pedindo perdão se, de alguma forma, ele os havia entristecido. Veja bem, meu pai era quem estava sendo perseguido e criticado. Contudo, ele se humilhou para manter a união e o amor com seus líderes. Ele se submeteu para proteger a unidade da igreja. Foi uma fase muito difícil para ele e para nós, porém, foi exatamente nessa etapa que seu ministério mais se desenvolveu.

Anos mais tarde, quando meu pai já estava bem idoso, a liderança da igreja o convocou para retornar aos Estados Unidos. Lá, eles pediram perdão e reconheceram publicamente que ele estava certo. Agradeceram-no por ter lutado e protegido a unidade do Corpo de Cristo. Até os dias de hoje, nossa família permanece conectada à denominação do meu pai, mantendo a unidade entre as igrejas.

O que protegeu meu pai de sair da vontade do Senhor? Qual foi o princípio que ele usou para ter certeza de que verdadeiramente estava ouvindo a voz do Espírito Santo? Ele se baseou em princípios da Palavra de Deus, a Bíblia! Assim, não foi enganado pelo maligno, evitou uma divisão horrível na nossa denominação e soube seguir a direção do Espírito Santo. Desde então, tantas bênçãos vieram sobre meu pai, nossa família e ministério através da voz do Senhor.

RECONHECENDO A VOZ DO ESPÍRITO SANTO EM NOSSO ESPÍRITO

A Palavra de Deus diz, em Romanos 8.14, que o Espírito Santo guia os filhos do Senhor. Mas, como que Ele faz isso? A resposta se encontra nesse mesmo capítulo:

O próprio Espírito testifica com o nosso espírito que somos filhos de Deus. (Romanos 8.16)

Aqui está um princípio muito profundo para ouvir a voz do Senhor. A partir do momento em que alguém entrega sua vida a Jesus, seu espírito passa a ser habitação do Espírito Santo. Nesse versículo, nós aprendemos que Ele testifica (ou se comunica) com nosso espírito, ou seja, o Senhor não fala conosco por meio da nossa mente.

Desde o dia em que nos rendemos a Jesus, recebemos vida em nosso espírito. A Bíblia diz que, se estamos em Cristo, somos novas pessoas (2 Coríntios 5.17). Mas, onde somos realmente novos? Não no corpo, até porque só vamos receber um novo quando formos para o Céu. Nossa alma também não foi automaticamente feita nova, pois as Escrituras dizem que devemos renovar nossa mente com a Palavra. Então, onde nascemos de novo e verdadeiramente nos tornamos "novas criaturas"? É no nosso espírito.

É importante entender que nosso espírito renovado funciona como um novo receptor da voz de Deus, ele é como um rádio configurado para captar Sua voz. Quando o Senhor quer falar conosco, primeiramente comunicará algo ao nosso espírito e, depois, ele "retransmite" a mensagem para nossa mente. É por isso que, muitas vezes, confundimos a voz de Deus com nossa própria consciência, porque O ouvimos através do nosso espírito humano.

Nosso espírito já está sintonizado com a voz do Pai. Portanto, nosso desafio é aprender a diferenciar o que nós pensamos com aquilo que Ele tem falado, algo que só conseguimos por meio de intimidade e conhecimento da Palavra. Como já expliquei, a Bíblia é o filtro para reconhecermos o que vem de Deus e o que vem da nossa alma.

> Porque a palavra de Deus é viva, e eficaz, e mais cortante do que qualquer espada de dois gumes, e penetra até ao ponto de dividir alma e espírito, juntas e medulas, e é apta para discernir os pensamentos e propósitos do coração. (Hebreus 4.12)

Sem dúvida, são necessárias a fé e a prática das verdades bíblicas para discernir a voz do Espírito Santo.

Lembro-me da primeira vez em que O ouvi. Eu estava tirando um tempo a sós com Deus, em oração, quando falei para Ele: "Eu te amo tanto, Senhor!". Logo após essa declaração, ouvi uma resposta dentro de mim: "Eu também te amo, Meu filho!". Imediatamente, me senti tão feliz por pensar que talvez tivesse ouvido a voz do Espírito Santo. Porém, me peguei pensando: "Não foi o Espírito, até porque, na minha mente, parecia que eu estava falando comigo mesmo". Refleti mais um pouco: "Espera aí, eu nem havia imaginado que Deus ia me responder daquele jeito, então não pode ser algo que eu inventei!". Então eu compreendi que minha mente havia captado realmente a voz de Deus, o Espírito Santo!

Lembre-se: o Espírito Santo não fala com sua mente. Ele fala com seu espírito, e este, por sua vez, retransmite para sua cabeça. Em outras palavras, a voz do Espírito de Deus vem "vestida" com sua própria voz quando ela chega à sua mente.

Por ser algo subjetivo, não somente é necessário ter fé, mas é importante também praticar fielmente a intimidade com Ele. Quando você orar, tenha cuidado para que não seja um monólogo. Converse com Deus e depois pare e ouça Ele falando de volta com você. A oração deve ser um maravilhoso diálogo!

O fato de o cristão ter o privilégio de ouvir a voz do Espírito Santo não nos exime de passar tudo pelo crivo das Escrituras Sagradas. Lembre-se: Sua voz no nosso espírito é algo subjetivo – sujeito ao erro humano. Por quê? Porque, às vezes, nós achamos que Ele disse algo quando, na realidade, não falou. As Escrituras Sagradas, por sua vez, são verdades objetivas de Deus, infalíveis. Por isso, a Palavra de Deus deve ser o medidor principal para sabermos se aquilo que ouvimos foi realmente a voz do Espírito Santo.

Quando você crê que o Espírito Santo falou com você, e quando Sua voz não foi contra nenhum princípio da Palavra, é bem provável que você esteja discernindo corretamente. É impossível que a voz do Espírito Santo contradiga a Bíblia Sagrada!

Além de checar a Palavra, é bom conferir essa "voz" com a opinião dos seus líderes e com conselheiros cristãos. A Bíblia diz, em Provérbios 11.14, que "[...] na multidão de conselheiros há segurança". As Escrituras também mostram a importância de honrar os pais (Efésios 6.1-3). Meus pais já estão com o Senhor, mas uma coisa que, pela graça de Deus, eu tenho praticado e tem trazido muito êxito para minha vida em todas as áreas é que, quando eu sinto que o Espírito Santo está me direcionando a fazer algo, eu também peço a confirmação dos meus líderes espirituais (e quando meus pais estavam aqui na Terra, eu também pedia a deles). Deus não vai contradizer Sua própria Palavra, uma vez que Ele é quem nos manda obedecer a nossos pais e líderes. Contudo, existe uma única exceção: quando um pai, mãe ou líder está nos pedindo algo que quebra princípios claramente estabelecidos por Deus.

Então, o que fazer quando a voz que eu creio ser do Espírito Santo contradiz o que meu pai, minha mãe ou líder espiritual estão dizendo? Vou obedecer a meus pais e a meus líderes com a convicção de que, se aquela voz realmente é a voz do Espírito Santo, em algum momento, Ele vai soberanamente mudar o coração dessas autoridades que estão sobre mim. Esse é um princípio muito poderoso e bíblico! "Como ribeiros de águas assim é o coração do rei na mão do Senhor; este, segundo o seu querer, o inclina" (Provérbios 21.1).

Assim, nossa fé para ouvir Deus pode crescer infinitamente mais do que imaginamos, basta nos comprometermos a percebê-lO, discerni-lO e respondê-lO com confiança na Sua voz. Eu lhes digo que todo meu coração, minha vida e ministério mudaram à medida que eu entendi que, quanto mais eu escuto o Senhor, mais eu desejo obedecê-lO. E quanto mais eu O obedeço em fé, mais sensível eu me torno para ouvi-lO no dia a dia. É um ciclo maravilhoso que nos leva a viver de glória em glória.

Para ilustrar tudo isso que estamos falando até aqui, encerro este capítulo com uma poderosa história que o Espírito Santo usou para me ensinar sobre nossa necessidade de estarmos sensíveis à Sua voz.

Em janeiro de 2007, em Washington, capital dos Estados Unidos, um homem aparentemente normal apareceu em uma das principais estações de metrô da cidade com um violino e começou a tocar o instrumento de forma extraordinária. Ao que tudo parecia, ele era apenas um músico de rua. Porém, apesar de sua habilidade, poucas eram as pessoas que paravam para assistir à sua apresentação. Muitas deixavam alguns trocados antes de ir embora, mas ninguém permanecia para apreciar a música. A única pessoa que parou por mais tempo foi uma criança de 4 anos. Ela ficou olhando e ouvindo a música até que os pais a pegaram no colo e a levaram embora. Ao final do dia, o músico não conseguiu arrecadar nada mais do que US$ 32,00 – aproximadamente R$ 130,00.

O que ninguém sabia era que tudo aquilo havia sido um experimento sociológico para testar a sensibilidade das pessoas à arte. Aquele músico que todos achavam ser um artista de rua era, na verdade, Joshua Bell, um dos melhores violonistas do mundo. Além disso, o instrumento que ele utilizou valia cerca de 3,5 milhões de dólares. A canção que Joshua Bell tocou naquele dia era uma das músicas mais lindas e difíceis para se tocar no violino. Um músico desse calibre, alguém que lota os maiores teatros do mundo, estava tocando seu instrumento na porta de uma estação do metrô, e ninguém estava dando a mínima atenção.

Essa história é um exemplo de que, muitas vezes, as coisas mais lindas e preciosas estão bem pertinho e não percebemos porque estamos focados apenas em nós mesmos. Nós estamos com tanta pressa para resolver nossos problemas e saciar nossos desejos que perdemos a oportunidade de viver coisas extraordinárias, como um relacionamento com o Espírito Santo.

Portanto, minha oração é que, a partir de hoje, você seja tão íntimo e sensível ao Senhor que qualquer sussurro d'Ele soará como um grito dentro do seu espírito! Que você ouça cada desejo do coração de Deus, e que as Sagradas Escrituras sejam o crivo de tudo o que você escutar. Declaro que você, sua família e seu ministério experimentarão um novo nível de dependência do Senhor e um intenso anseio por obedecer à Sua voz. Ouça-O e obedeça-O sem duvidar!

Capítulo 7

A MISSÃO TRÍPLICE DO ESPÍRITO SANTO

Neste capítulo, quero compartilhar algo que, creio eu, vai revolucionar sua forma de cooperar com o Espírito para a salvação de muitas vidas: a revelação bíblica da missão tríplice do Espírito Santo.

Porém, antes de mergulharmos neste assunto, quero fazer uma pergunta. Você já procurou falar de Jesus para alguém e sentiu que estava faltando algo, como se fugissem as palavras para explicar o plano da salvação? Se sua resposta é "sim", quero contar a você sobre um segredo que mudou essa prática na minha vida. À medida que cultivamos e aprofundamos nossa intimidade com o Senhor, temos o privilégio de receber Sua ajuda para compreender como Ele opera. A palavra de Deus é a fonte da verdade, e o desejo do Espírito Santo é desmistificar os meios como Ele realiza Seus feitos por meio da Palavra. Veja este texto impressionante:

> Mas, agora, vou para junto daquele que me enviou, e nenhum de vós me pergunta: Para onde vais? Pelo contrário, porque vos tenho dito estas coisas, a tristeza encheu o vosso coração. Mas eu vos digo a verdade: convém-vos que eu vá, porque, se eu não for, o Consolador não virá para vós outros; se, porém, eu for, eu vo-lo enviarei. (João 16.5-7)

Nesse trecho, observamos Jesus comunicar a seus discípulos que, em breve, chegaria a hora de deixá-los, pois teria de ir a um lugar onde eles não poderiam acompanhá-lO. Imagine só o susto que esses companheiros tomaram quando, de repente, seu Mestre disse que iria retirar-Se, mesmo depois de viverem juntos por quase quatro anos. Tal notícia os abalou fortemente e os entristeceu profundamente, uma vez que – imagino eu – já não conseguiam mais cogitar a possibilidade de viver em um mundo sem Cristo.

Contudo, é neste momento de tristeza que Jesus apresenta o Espírito Santo, o Consolador, o único que poderia substituí-lO como Mestre e, assim, estar com eles em todo o tempo, até Sua volta. Cristo afirmou que era essencial e melhor que Ele fosse, porque só assim todos poderiam conhecer Alguém que seria capaz de cuidar dos discípulos tão bem quanto o Senhor cuidou.

Inclusive, no texto original do grego, a palavra utilizada para "consolador" é *parákletos*, que significa "aquele que consola ou conforta; aquele está próximo o suficiente para ajudar; aquele que vem em nosso socorro; aquele que intercede em nosso favor como um defensor numa corte".[1]

Além de apresentar a Pessoa do Espírito Santo, Jesus também revela a seus amigos qual é a missão desse Consolador para com o mundo, que é divida em três partes:

---

[1] STRONG, James. **Concordância de Strong**. 3875 *"parakletos"*. Disponível em *https://bibliaportugues.com/greek/3875.htm*. Acesso em outubro de 2019.

> Mas eu vos digo a verdade: convém-vos que eu vá, porque, se eu não for, o Consolador não virá para vós outros; se, porém, eu for, eu vo-lo enviarei. Quando ele vier, **convencerá o mundo do pecado, da justiça e do juízo**: do pecado, porque não creem em mim; da justiça, porque vou para o Pai, e não me vereis mais; do juízo, porque o príncipe deste mundo já está julgado. (João 16.7-11 – grifo do autor)

A missão tríplice do Espírito Santo é convencer o mundo de três coisas: do pecado, da justiça e do juízo. Porém, como Ele realiza esse encargo? Isso acontece por meio dos seguidores de Cristo, que estão cheios do Espírito do Senhor. Tanto é verdade que, nesse mesmo texto, Jesus disse que enviaria o Consolador aos seus discípulos. Como, então, cooperar com o Espírito para ver muitas pessoas entregarem a vida ao Senhor? O segredo está ainda nessa passagem!

Você sabe por que muitos cristãos, pastores e líderes não conseguem ser efetivos e bem-sucedidos em seus ministérios quando o assunto é ganhar vidas e cuidar bem das pessoas que vêm do mundo? Porque não sabem cooperar com o Espírito Santo para o cumprimento dessa missão tríplice, que é Seu foco. Por mais que tenhamos boas intenções e desejemos expandir o Reino de Deus na Terra, se não colaboramos com o Espírito para cumprir esse propósito, andamos na contramão da vontade de Deus.

Logo, se quisermos sermos bem-sucedidos na Terra, cumprir a vontade de Deus, ganhar pessoas do mundo para Jesus e cuidar delas, construindo relacionamentos e expandindo o Reino, nós temos de aprender a entrar em sintonia com essa tarefa tríplice do Espírito Santo.

CONVENCENDO AS PESSOAS DO PECADO

Quando ele vier, **convencerá o mundo do pecado** [...] porque não creem em mim. (João 16.8-9 – grifo do autor)

A primeira parte da missão do Espírito Santo é "convencer o mundo do pecado", ou seja, trazer convicção para todas as pessoas a respeito de seu estado pecaminoso. Algo interessante a destacar é que no versículo não está escrito que o Espírito de Deus convenceria o mundo dos seus "pecados" (no plural), mas sim do "pecado" (no singular). Daqui a pouco, vamos ver qual é esse pecado que o Espírito Santo quer trazer convicção sobre as pessoas para que se arrependam, mas, primeiramente, quero ressaltar algo muito importante aqui.

Não sei se você notou, mas muitos cristãos estão trabalhando de forma totalmente diferente do Espírito Santo. Enquanto Ele só convence as pessoas que ainda não se converteram de um só pecado, muitos seguidores de Jesus ficam tentando apontar os muitos erros diferentes nos outros. Eles dizem para as pessoas:

"Prostituição é pecado!" ou "Ter relações com uma pessoa do mesmo gênero é pecado!". Só que o que precisamos nos lembrar é que o Espírito Santo está na Terra para persuadi-los da necessidade de aceitar Jesus. E a pergunta é: como Ele vai fazer isso? Através de nós, os cristãos! Então, quando não colaboramos com Ele e insistimos em tentar convencer as pessoas do mundo dos seus mais diversos pecados em vez de seguir o exemplo do Espírito, Ele, por sua vez, não cooperará conosco!

Entretanto, se o primeiro aspecto da missão tríplice do Espírito é convencer os não cristãos, por meio de nós, de somente um pecado, qual seria ele?

Quando Jesus morreu na cruz, Deus tomou todos os pecados da humanidade desde Adão até o último ser humano que vai nascer neste mundo, e os lançou sobre Jesus, que sofreu o castigo pelas nossas transgressões. Jesus não merecia morrer na cruz, mas Ele fez questão de se sacrificar, para que pudesse pagar por todos os pecados.

Portanto, se todas as nossas iniquidades foram perdoadas através da obra da Cruz, a única coisa que pode nos separar de Deus e da vida eterna é o pecado de não crer em Jesus como nosso único Senhor e Salvador, como observamos em João 16.8-9: "Quando ele vier, convenverá o mundo do pecado [...] porque não creem em mim".

A consequência disso, de certa forma, é que ninguém vai para o Inferno por causa de homicídio, roubo, idolatria, mentira, entre outros pecados. Então, isso quer dizer que todo mundo vai ser salvo? Não, pois existe um pecado que leva a pessoa para uma eternidade distante de Deus: não receber a salvação que Ele já providenciou em Cristo Jesus. Agora, sobre a maneira como recebemos essa salvação, acredito que a Palavra de Deus deixe muito claro:

> Se, com a tua boca, confessares Jesus como Senhor e, em teu coração, creres que Deus o ressuscitou dentre os mortos, serás salvo. (Romanos 10.9)

Quando a Bíblia menciona sobre crer em Jesus, ela está falando muito mais do que simplesmente acreditar que Ele existe, ou que morreu pelos nossos pecados. Até o Diabo e os demônios sabem que Jesus se sacrificou no lugar de todos. O conhecimento dessa informação não traz salvação. O que nos dá acesso à obra redentora é a compreensão de que Jesus é o Filho de Deus e dono de nossas vidas, uma vez que pagou o mais alto preço por elas. Essa revelação, dada pelo Espírito Santo, é que nos convence por meio da pregação do Evangelho.

Sendo assim, nosso trabalho é simplesmente compartilhar as Boas Novas em amor a Jesus, pois o único pecado que leva as pessoas para a perdição é não crer n'Ele. Logo, quando falamos de Cristo como Senhor e Salvador, o Espírito Santo coopera conosco e gera arrependimento genuíno e conversões. Que maravilha! Isso, sim, é o Espírito cumprindo a primeira parte da Sua missão.

CONVENCENDO AS PESSOAS DA JUSTIÇA

> Quando ele vier, **convencerá o mundo [...] da justiça**, porque vou para meu Pai, e não me vereis mais. (João 16.8-10 – grifo do autor)

A segunda parcela da missão do Espírito Santo é nos transformar de tal maneira que nos tornemos um modelo da justiça de Deus para o mundo. Ser justo é uma qualidade fundamental da natureza divina. Sua justiça se manifesta através de Jesus Cristo, e foi expressa nas Suas ações e no cumprimento das exigências da perfeição do próprio Deus. Em termos gerais, é dar a cada um o que lhe é de direito, o que é merecido. É estar em conformidade com o que é correto.

Enquanto esteve na Terra, nosso Mestre Jesus cumpriu toda a justiça. Foi honesto e misericordioso durante Sua vida inteira, sem nunca ter pecado. Através d'Ele, Deus revelou Sua vontade para os seres humanos. Graças a Cristo, todos têm acesso à legalidade divina, conhecendo-a através da Bíblia e de Sua trajetória neste mundo. Se alguém quer saber o que é ser justo, basta olhar para Ele.

Além disso, a palavra diz que, em Cristo, nós somos agora a justiça de Deus (2 Coríntios 5.21). O mesmo

Espírito que estava sobre Jesus e O capacitava para ser justo e irrepreensível, hoje, quer usar cada um de nós como modelo aqui na Terra, uma vez que não temos mais o Senhor em nosso meio em Sua forma humana. A passagem de João 16 citada acima afirma que o Espírito convencerá o mundo por meio da Sua justiça manifesta em nós, e explica o motivo: "porque vou para o meu pai, e não me vereis mais". O mundo agora não pode ser convencido da justiça ao ver Jesus, porque Ele está no Céu! Isso é muito profundo, o Espírito Santo deseja nos capacitar para sermos modelos de retidão para nossas família, igrejas, trabalhos, cidades e nações, pois a verdade é que nem todo mundo lerá a Bíblia, mas todos que entrarem em contato conosco poderão "ler" e analisar a Palavra por meio das nossas vidas.

Para mim, uma grande revelação dessa verdade foi a vida do meu pai. Ele foi um dos homens mais santos e irrepreensíveis que eu já conheci. Não digo isso só porque era meu pai, mas porque todas as pessoas que conheci atestavam que ele era um homem de caráter e testemunho admiráveis. Meu pai era um homem tão justo e correto que, quando eu era criança, acreditava que ele era um anjo disfarçado entre nós. Na época, eu pensava que tinha feito a descoberta do século, porque ninguém mais suspeitava disso.

Certo dia, enquanto estávamos sozinhos, tomei coragem e coloquei meu pai na parede ao perguntar com toda seriedade que uma criança poderia comunicar: "Pai, responde sim ou não. O senhor é um anjo?". Naquele momento, pensei que ele iria admitir a "verdade", falar que sim e pedir para que eu não contasse para ninguém, porque seria um segredo entre nós. Porém, para minha surpresa, ele disse que não era um anjo, pois anjos não se casavam, e ele era casado com minha mãe. Confesso que, em princípio, demorei para acreditar, porque meu pai era uma pessoa muito especial e justa até demais para ser deste mundo. Ele era tão santo que, uma vez, um ateu se converteu simplesmente por passar um tempo com ele.

Há muitos anos, meu irmão, um pastor missionário no Japão, conheceu um empresário japonês que era ateu e desenvolveu um forte vínculo de amizade com ele. Os dois eram tão amigos que, mesmo não partilhando da mesma fé, meu irmão convidou-o para passar um tempo com nossa família no Brasil. Esse empresário ficou muito grato pelo convite e disse que viria.

Quando ele chegou em Santarém, se deu conta de que ninguém ali (além da nossa família) falava inglês, o único idioma em que ele sabia se comunicar sem ser o japonês. Se não fosse pelo meu pai, que decidiu investir bastante tempo em ter comunhão com ele, honrando e amando a vida desse empresário, ele não teria tido um tradutor ao viajar pelo Brasil. Esse amigo do meu irmão passou tantos dias junto ao meu pai, conhecendo a ele e sua história, que quando finalmente teve de retornar ao Japão, se despediu dizendo: "Eu era ateu, mas depois de conhecer esse homem, eu não sou mais. Acredito que Deus existe e quero entregar minha vida a Jesus".

Esse testemunho do meu pai ilustra como o Espírito Santo pode usar a história de um homem justo, que tem profunda intimidade com Ele, para convencer as pessoas da justiça de Deus, que nos justifica e nos salva.

Assim como meu pai, o Espírito Santo quer transformá-lo de tal forma que você será um modelo da própria justiça de Deus aqui na Terra. Ao ser completamente mudada, sua vida, cheia de perdão, alegria, amor, integridade e justiça, é capaz de conquistar almas para o Reino e transformar a sociedade para a glória de Deus.

Logo, se nós somos a Igreja de Jesus, se somos os representantes do Reino de Deus aqui na Terra, nós devemos ser as referências de justiça. Isso implica combater as injustiças sociais, como a pobreza, o racismo, a falta de educação, o abandono, o tráfico humano, a violência e por aí vai. Se nosso Pai, que está no Céu, e nosso Senhor Jesus, que está assentado à direita do trono de Deus, não suportam injustiça, que dirá o Espírito Santo?! Existem milhares de vidas nas ruas que estão esperando pela manifestação dos filhos de Deus. Por isso, precisamos nos mover em compaixão, assim como Cristo.

Muitas vezes, deixamos de assumir nossa responsabilidade de ser a resposta da oração que o pobre, a viúva, o órfão e o oprimido fazem, porque pensamos que o encargo de resolver os problemas sociais é do governo ou de organizações não governamentais (ONGs). Contudo, a verdade é que a responsabilidade é daqueles que estão aqui para servirem de modelo da justiça de Deus. Não podemos ser omissos, temos de nos envolver. Você está intervindo nos problemas da sua comunidade local? Tem ajudado as pessoas a resolver suas complicações? Você está chorando com os que choram ou apenas se alegrando com os que se alegram?

O Espírito Santo está ansioso para usá-lo como um instrumento da justiça de Deus e mostrar ao mundo que o Senhor é bom e justo. Ele quer cumprir Sua missão e restituir a honra de cada ser humano. E nós somos uma peça fundamental nesse plano: nascemos de novo para ser esses modelos de justiça, assim como Jesus foi.

CONVENCENDO AS PESSOAS DO JUÍZO

E do juízo, porque já o príncipe deste mundo está julgado. (João 16.11)

O terceiro aspecto dessa missão tríplice é revelar que Satanás já foi julgado e derrotado por meio da Cruz.

Mas como o Espírito Santo vai convencer as pessoas que o Príncipe deste mundo já está julgado? Como Ele irá mostrar a todos que os maus serão punidos e os bons serão recompensados de acordo com seus próprios atos? Através de nós, no momento em que exercemos nossa autoridade como aqueles que andam na vitória que Cristo conquistou.

Quem estiver do lado de Deus, vai andar em vitória e superar o caos deste mundo caído e conturbado. O mundo vai poder olhar para nós e afirmar que "Deus existe mesmo!" pela ação do Espírito Santo na nossa vida. Isso, porque não apenas andamos em retidão, justiça e santidade, mas porque manifestamos o poder da Cruz que desfaz toda a obra do Diabo, que já está derrotado.

Dessa forma, aqueles que vivem com o Senhor têm autoridade sobre as tribulações, assim como Jesus tinha autoridade sobre as tempestades. Tais pessoas não se prostram diante de ataques ou dificuldades, mas fazem que toda situação se submeta ao nome de Jesus. Nenhuma enfermidade, prisão ou pecado prevalece sobre aqueles que andam em vitória e no temor do Senhor. Sabem que nada pode separá-los do amor de Deus e, por isso, entendem que tudo é possível.

Em todas estas coisas, porém, somos mais que vencedores, por meio daquele que nos amou. Porque eu estou bem certo de que nem a morte, nem a vida, nem os anjos, nem os principados, nem as coisas do presente, nem do porvir, nem os poderes, nem a altura, nem a profundidade, nem qualquer outra criatura poderá separar-nos do amor de Deus, que está em Cristo Jesus, nosso Senhor. (Romanos 8.37-39)

Há muitos anos, quando eu estava pastoreando em Santarém, e a igreja começou a crescer, gerando muitos impactos positivos nas famílias da nossa comunidade local, comecei a receber ameaças de satanistas. Um dos membros da equipe que eu discipulava, e que hoje é um grande pastor, estava trabalhando como obreiro e atendendo em nosso SOS Paz, um serviço de atendimento pastoral e oração via telefone que nossa igreja disponibilizava para socorrer qualquer pessoa que estivesse precisando de ajuda.

Certa noite, esse querido obreiro recebeu uma ligação anônima, em que o interlocutor dizia: "Nós somos satanistas! Vamos hoje mesmo matar o pastor Abe. Ele vai morrer e isso não passará desta noite". Por ter plena revelação da Sua autoridade em Cristo, em vez de se desesperar ou mesmo dar início a uma briga com o satanista anônimo, o obreiro respondeu: "Deus ama você. Toda sua família e você serão salvos, em nome de Jesus". Eles não conseguiram se levantar contra o amor e o nome de Jesus.

Existem alguns cristãos que têm muito medo das obras do Maligno, mas se temos a Palavra de Deus em nossos corações, conseguimos combatê-lo assim como Jesus o derrotou no deserto.

A seguir, foi Jesus levado pelo Espírito ao deserto, para ser tentado pelo diabo. E, depois de jejuar quarenta dias e quarenta noites, teve fome. Então, o tentador, aproximando--se, lhe disse: Se és Filho de Deus, manda que estas pedras se transformem em pães. Jesus, porém, respondeu: Está escrito: Não só de pão viverá o homem, mas de toda palavra que procede da boca de Deus. Então, o diabo o levou à Cidade Santa, colocou-o sobre o pináculo do templo e lhe disse: Se és Filho de Deus, atira-te abaixo, porque está escrito: Aos seus anjos ordenará a teu respeito que te guardem; e: Eles te susterão nas suas mãos, para não tropeçares nalguma pedra. Respondeu-lhe Jesus: Também está escrito: Não tentarás o Senhor, teu Deus. Levou-o ainda o diabo a um monte muito alto, mostrou-lhe todos os reinos do mundo e a glória deles e lhe disse: Tudo isto te darei se, prostrado, me adorares. Então, Jesus lhe ordenou: Retira-te, Satanás, porque está escrito: Ao Senhor, teu Deus, adorarás, e só a ele darás culto. Com isto, o deixou o diabo, e eis que vieram anjos e o serviram. (Mateus 4.1-11)

Além disso, a Bíblia afirma, em Colossenses 2.15, que Cristo se livrou do poder dos governos e das autoridades espirituais na Cruz. Ele humilhou esses poderes publicamente, levando-os como prisioneiros do seu desfile de vitória. Eu uso essa expressão, "desfile de vitórias", porque, naquela época, uma cerimônia era realizada para homenagear publicamente os comandantes militares de guerras notavelmente bem--sucedidos para exibir as glórias da sua vitória.

Na Roma antiga, essa tradição levava o nome de "triunfo romano". Aqueles que recebiam essa honraria eram denominados triunfadores. No dia da cerimônia, o general montava em uma carruagem de quatro cavalos e saía pelas ruas em procissão com seu exército, cativos de guerra e os despojos das batalhas. Se nós estamos em Cristo, fazemos parte desse triunfante exército e partilhamos da Sua vitória.

Diante da autoridade do nome de Jesus, que é revelada por meio do nosso relacionamento com o Espírito de Deus, o Diabo e seus demônios são impotentes. Eles só têm o poder que conferimos a eles, se acreditamos em suas mentiras e duvidamos do Senhor. Quando Jesus morreu na Cruz, ele destruiu a autoridade daquele que tinha o poder sobre a morte. Satanás ainda existe, mas se você estiver em Cristo, ele não tem poder sobre sua vida. No entanto, não podemos nos isentar de fazer nossa parte. Agora, veja bem o que a Palavra de Deus nos instrui:

> Sujeitai-vos, portanto, a Deus; mas resisti ao diabo, e ele fugirá de vós. (Tiago 4.7)

Os demônios sempre permanecerão em sua posição de derrotados e fugirão de nós se fizermos duas coisas. Primeiramente, devemos nos sujeitar a Deus, entregando 100% do que temos e somos a Ele, nos consagrando na Sua presença e através das Sagradas

Escrituras. Em segundo lugar, devemos resistir ao Maligno para que ele fuja. Em nenhuma parte da Bíblia diz para pedirmos algo a Deus para enfrentar Satanás e seus demônios. O que está escrito é para resistirmos "com" a Palavra de Deus, mandando-os embora por meio da autoridade do nome de Jesus.

O Senhor nos deu armas poderosas para combater o Diabo e colocar nossos inimigos debaixo dos nossos pés. Tudo o que precisamos fazer é mudar nossa mentalidade, deixando de pensar como derrotados e passando a andar com uma real convicção de que somos mais do que vencedores em Cristo Jesus.

Certa vez, eu fui chamado para orar por uma senhora que estava endomoniada havia seis dias. Durante todo esse tempo, o espírito maligno não permitiu que ela se alimentasse. Ela estava fora de si, totalmente possuída; parecia verdadeiramente um filme de terror. Eu fiquei com medo, porque, na época, não tinha tanta experiência em expulsar demônios. Naquela situação, o Espírito Santo falou claramente comigo. Ele me fez lembrar da passagem bíblica em 1 João 4.4, em que está escrito: "[...] maior é aquele que está em vós do que aquele que está no mundo". Quando Ele me deu essa palavra, essa revelação tremenda veio ao encontro do meu coração. Então, pensei comigo mesmo: "É verdade, Ele mora em mim! Jesus mora em mim e vai me usar para libertar essa mulher!".

Naquele mesmo instante, o medo foi embora, me aproximei da mulher e senti uma enorme compaixão por sua vida. Eu disse que Jesus a amava, porém, ela ainda estava possuída por um demônio. Ele olhou para mim através dos olhos da moça, com muito ódio, e disse: "Não é Jesus que ama essa mulher, sou eu quem a amo". Calmamente, respondi que ele teria de sair dela. Instantaneamente, ele olhou nos meus olhos e, com a voz trêmula e um olhar de pavor, começou a dizer: "Eu vejo Jesus! Você está cheio d'Ele". Eu respondi: "Você está certo! E este Jesus que você está vendo agora te ordena: 'Saia e não volte mais!'".

Imediatamente, o demônio saiu da mulher, com um grande grito e jogando seu corpo para cima. Quando ela desceu, voltou sentada. Então, pela primeira vez, ouvi a verdadeira voz dela: "Onde estou? O que aconteceu?". Eu expliquei a ela o que havia ocorrido, e tanto a mulher quanto seu marido entregaram a vida para Jesus!

Naquele dia, o Espírito Santo demonstrou a derrota de Satanás diante daquela família e de muitos outros que estavam presentes na ocasião. Por causa dessa poderosa libertação, dezenas de pessoas no bairro entregaram suas vidas para o Senhor.

Não basta não ter medo; a Bíblia diz que você tem de resistir. Você precisa se posicionar como filho do Deus altíssimo e expulsar o Inimigo que está tentando tomar o território d'Ele, porque não há nenhum nome maior do que o de Jesus.

Você tem expulsado os demônios da sua casa, da sua família, das suas finanças, da sua saúde, da sua vida pessoal? Jesus não vai fazer por você aquilo que é de sua responsabilidade, pois esse é um papel para o qual Ele o destinou. O Espírito Santo habita em você; Deus lhe deu o nome de Jesus, e por meio desse nome, nos seus lábios, toda obra maligna deve fugir!

Está se aproximando o tempo em que o Espírito de Deus conseguirá encontrar em todo cristão abertura para cumprir sua missão tríplice. Eu acredito veementemente que Deus vai convencer o mundo do pecado, da justiça e do juízo. Esse dia se aproxima a cada vez que nós dizemos "sim" à vontade do Espírito de Deus. Em breve, mostraremos a todos que é possível andar salvo, justificado e em vitória, para a glória do Senhor Jesus!

Capítulo 8

ADORAÇÃO: UMA PORTA PARA A INTIMIDADE

Há alguns anos, um amigo meu, pastor norte--americano, compartilhou comigo uma visão tremenda que me marcou profundamente. Nesse cenário, ele foi levado por Deus a um lugar onde existiam dois pastos separados por uma cerca bem grande. De um lado, a grama era seca e repleta de ovelhas doentes, magras e fracas. Do outro, havia muito capim verde, as ovelhas eram sadias, bem gordas e cheias de alegria.

À medida que ele se aproximava para ver os animais mais de perto, Deus começou a lhe falar o que aquela paisagem significava. O pasto verde representava um lugar de intimidade com o Espírito Santo e Sua presença, enquanto as ovelhas sadias simbolizavam todas as pessoas que escolhiam cultivar uma vida de intimidade com Ele. Em seguida, Deus começou a revelar o significado da imagem do pasto vizinho. Disse que o terreno seco e as ovelhas magras representavam lugares e pessoas que não viam a intimidade com Ele como uma prioridade em suas vidas. Eles estavam morrendo sem ao menos perceber.

Contudo, misericordiosamente, Deus mostrou ao meu amigo que existia uma solução para salvar todas as ovelhas magras. Ele criou uma grande porta no meio da cerca, abrindo caminho entre o pasto seco e o verde, de forma que fosse possível para os animais fracos mudarem para o terreno cheio de vida. Tal porta tinha uma placa com um nome que o próprio Senhor havia dado: "Adoração". Depois de descobrir o nome da porta, a visão acabou e meu amigo se viu fortemente impactado pela revelação que havia recebido.

Como disse logo no início do capítulo, essa história me marcou profundamente, porque ilustra muito bem algo em que acredito com todo meu coração: a vida de adoração é uma porta para alcançarmos um nível de intimidade maior com o Senhor.

Adoração é sinônimo de relacionamento profundo com Deus. Uma vida baseada nessa prática não se limita apenas aos momentos de louvor e entrega em reuniões, cultos e devocionais. Na verdade, trata-se de viver sob o entendimento que podemos nos relacionar com o Senhor e adorá-lO através de tudo o que fazemos, 24 horas por dia, sete dias por semana e todos os meses do nosso ano.

Dessa forma, quando encaramos a adoração como algo essencial em nossa vida, tudo começa a mudar. Eu lhe garanto isso, porque eu mesmo já passei por esse portão e vi seus frutos em minha vida.

Ainda falando sobre esse tema, me recordo de quando conheci o pastor Antônio Cirilo. Na época, eu organizei uma caravana de pessoas da minha igreja para ir ao evento Fogo e Glória, em Belo Horizonte. Nesse episódio, além do pastor Cirilo, iríamos encontrar com Dan Duke e David Quinlan, grandes homens de Deus que influenciaram a adoração no Brasil. Certamente, aqueles dias foram um divisor de águas na minha vida! Passamos muitas horas por dia imersos em uma profunda e maravilhosa atmosfera. Posso dizer que conseguia sentir a presença manifesta de Deus de forma palpável.

No entanto, uma das coisas que mais me marcaram no evento foram as sessões com o pastor Cirilo. Ali eu descobri que ele tinha a prática de separar todas as suas manhãs para cultivar intimidade com Deus através de longos períodos de adoração. E assim, aprendi, por meio de sua vida, que nossa unção pode ser multiplicada por meio desses momentos. Tanto que o que acontecia quando ele abria a boca para pregar e liderar o tempo de adoração comprovavam isso. A glória de Deus enchia o lugar e muitas pessoas tinham encontros fortes com o Espírito Santo, e a vida de adoração do pastor Cirilo contribuía para que esse ambiente fosse gerado.

No caminho de volta para casa, no ônibus, com nossa caravana, alguém colocou uma canção do pastor Antônio Cirilo. Confesso que o que aconteceu em seguida me pegou de surpresa. Eu fui completamente invadido por uma unção tão gloriosa, uma paixão tão forte por Jesus, que minha vida nunca mais foi a mesma. Depois daquele dia, eu e o pastor nos tornamos amigos íntimos, já ministramos juntos inúmeras vezes, em muitos lugares.

Até hoje, ele é uma referência de intimidade com o Espírito Santo para mim, amo estar em sua companhia, pois, sempre quando temos oportunidade de estar juntos, sou profundamente impelido a buscar intensamente um nível maior de intimidade com o Senhor.

É impossível desenvolvermos intimidade com alguém se passamos pouco tempo com ele. O verdadeiro relacionamento é construído no dia a dia. Se não investimos nisso, não temos estrutura para recebermos mais de Deus e O conhecermos de forma profunda. Por isso, precisamos dar espaço para o Espírito Santo agir e construir uma fundação que aguente cada vez mais a presença de Deus. Devemos nos apresentar ao Senhor partindo da certeza de que somos amados, perdoados e que Ele sempre está conosco.

DESENVOLVA SUA REVELAÇÃO SOBRE O AMOR DE DEUS

Não conseguiremos desenvolver uma vida de adoração se enxergamos essa prática como uma obrigação. Quando levamos isso como uma tarefa diária, ela se torna algo rígido, impessoal e, muitas vezes, religioso. Não estou dizendo que não devemos ser zelosos com nossas disciplinas espirituais, até porque elas são nosso "arroz e feijão", ou seja, são o que nos nutrirá durante o dia a dia.

Eu creio que devemos ser disciplinados para crescermos em maturidade e responsabilidade, de modo a nos tornarmos bons mordomos da nossa fé. Porém, como diria Bill Johnson, pastor da Bethel Church, "a paixão deve ser a nossa maior disciplina".[1] O nosso amor por Deus dever ser nossa principal motivação para adorá-lO. Nosso desejo de querer passar tempo com o Espírito Santo deve ser o que nos incentiva a exaltá-lO e glorificá-lO em nossos momentos de intimidade, trabalho e relacionamentos.

Quando estamos apaixonados e desejosos pela presença de Deus, tudo começa a fluir com mais facilidade. Por exemplo, se você gosta da companhia de uma pessoa, é natural que deseje estar e interagir com ela. Se esse alguém liga para você ou o chama para conversar por alguns minutos, mesmo que esteja extremamente ocupado, você encontra tempo para estar com ele, já que é muito importante. Independentemente dos obstáculos e desafios que possam vir para separá-lo da pessoa amada, você cria soluções para que isso não aconteça. E como Deus se trata de uma Pessoa, o mesmo deve valer para Ele. Se nós estamos apaixonados, criamos tempo para expressar nosso amor ao Senhor.

Mas o que podemos fazer quando não nos sentimos tão intensamente apaixonados, apesar de nos esforçarmos muito? Como podemos nos apaixonar por Deus de maneira que Ele se torne a prioridade em nosso coração? Na verdade, o segredo está em nossa capacidade de receber o amor de Deus por meio do Espírito Santo.

---

[1] JOHNSON, Bill. **Experimente o impossível:** formas simples de liberar o poder do Céu na Terra. Rio de Janeiro: Lan, 2017.

Só conseguimos adorá-lO e expressar nosso amor por Ele quando aprendemos a permitir que sejamos amados, já que só podemos dar aquilo que primeiramente recebemos.

Nós amamos porque ele nos amou primeiro. (1 João 4.19)

Portanto, se acreditarmos que Deus está sempre nos castigando, ignorando, enganando ou abandonando, nós jamais seremos capazes de adorá-lO, porque, no fundo, estaremos crendo que Ele não nos deseja por perto e até duvidando do Seu amor por nós. Nesses casos, precisamos urgentemente permitir que o Espírito Santo nos mostre quais são as mentiras que estão afetando nossa revelação do amor de Deus. Ele é o único que pode nos ajudar a corrigir nossa perspectiva sobre quem o Senhor é, porque é o Espírito quem nos leva à compreensão de que Deus é nosso Pai e nós somos Seus filhos amados, coerdeiros de Cristo.

E, porque sois filhos, Deus enviou aos vossos corações o Espírito de seu Filho, que clama: Aba, Pai. Assim que já não és mais servo, mas filho; e, se és filho, és também herdeiro de Deus por Cristo. (Gálatas 4.6-7 – ACF)

Quando nós temos a revelação e a profunda convicção do amor de Deus, é natural que desejemos fazer tudo para glorificá-lO constantemente e, assim, viver em Sua presença.

SEPARE TEMPO PARA AMAR E SER AMADO

Além da revelação do amor de Deus, existe algo muito precioso que muitos de nós quase não temos nos dias de hoje, mas que é essencial para desenvolvermos uma vida de adoração: o tempo.

O tempo é um recurso muito escasso atualmente. Raramente conseguimos estar 100% disponíveis e cheios de ânimo para fazer qualquer coisa, incluindo adorar ao Senhor. Temos milhares de atividades disputando nossa atenção e energia, e quase tudo em nossa grande lista de afazeres parece ser prioridade. Porém, o ponto de maior importância deve ser nossa conexão com Deus, algo que só conseguiremos manter se separarmos uma parte considerável do nosso dia para receber do Seu amor e, então, expressar nosso amor de volta a Ele.

Muitos de nós, sem perceber, condicionamos nossas mentes a buscar a Deus apenas em "momentos espirituais", quando estamos reunidos com outras pessoas para cultuar, orar por algo ou cumprir alguma disciplina bíblica. Entretanto, devemos nos atentar ao que acontece quando não estamos em um ambiente que promove a busca – como a igreja e nosso pequeno grupo –, mas em um lugar que nos estimula a deixar o Senhor em segundo plano. Será que temos designado nosso tempo de adoração e procura por intimidade apenas para os cultos de domingo e as reuniões de célula?

Somente o tempo de adoração que temos nesses "momentos espirituais" jamais serão o suficiente para nos sustentar durante uma semana. Precisamos estar constantemente conectados ao Espírito Santo e conscientes, também, de que Ele está sempre conosco.

Por isso, quero encorajar você a separar um tempo para Deus diariamente, para que converse com Ele, leia a Palavra e O adore. Eu chamo esse período de TSD (tempo a sós com Deus). Em princípio, eu retiro alguns momentos para conversar com o Espírito Santo. Falo o que está no meu coração, mas, principalmente, pergunto Seu desejo para minha vida e para aquele momento. É muito poderoso quando ouço a voz do Senhor! Quando Ele fala comigo e me dá direções é a hora mais importante do meu dia.

Além disso, busco a presença do Espírito Santo ao longo do dia, falando com Ele e pedindo conselhos para tomar certas decisões, além de conversar sobre tudo. Afinal de contas, Ele é realmente meu melhor amigo. É claro que eu amo minha esposa, meus filhos e meus amigos, mas amo ainda mais o Espírito de Deus. Acho até engraçado como muitos homens reclamam por não compreenderem as reações de suas esposas, mas eles se esquecem de que ninguém as entende melhor do que o Espírito. Esse é só um exemplo de tudo o que esse Amigo pode fazer para ajudá-lo no seu dia a dia. Relacione-se com Ele para ter soluções.

Pratique a presença de Deus. Separe regularmente um tempo na sua rotina para adorar ao Senhor, ler a

Bíblia e conversar com o Espírito Santo. Além do seu TSD, procure demonstrar seu amor pelo Senhor e falar com Ele durante todos os momentos do seu dia, essa amizade fará total diferença na sua vida.

Saber que Deus está conosco em todo tempo muda tudo, porque, assim, entendemos que o Espírito Santo está incluído em todas as áreas da nossa vida, até mesmo naquelas em que não damos tanta abertura para sermos corrigidos ou transformados. Estar conscientes de que Ele está sempre presente, transformando nossa forma de ver o mundo, a nós mesmos e o próximo, é o que promove mudanças de mentalidade e hábitos para não entristecê-lO.

Quanto a percepção da presença do Espírito Santo é real na sua vida? Quanto você tem prestado atenção naquilo que Ele tem falado? Jamais deixe de buscar e reconhecer Sua presença. Caso contrário, você começará a se ver perdido e se comportará como se Ele estivesse longe de você.

SIRVA EM AMOR

Por fim, outra forma de desenvolver uma vida de adoração e aumentar nossa sensibilidade à presença do Espírito é através do serviço. Talvez você se pergunte: "o que servir tem a ver com adoração?". Em princípio, pode não parecer, mas trabalhar e ajudar ao próximo onde quer que estejamos tem tudo a ver com uma vida de entrega genuína. Deixe-me explicar essa relação.

Em Marcos 10, Jesus ensina aos discípulos que, no Reino de Deus, o maior de todos é aquele que serve.

> Mas entre vós não é assim; pelo contrário, quem quiser tornar-se grande entre vós, será esse o que vos sirva; e quem quiser ser o primeiro entre vós será servo de todos. Pois o próprio Filho do Homem não veio para ser servido, mas para servir e dar a sua vida em resgate por muitos. (Marcos 10.43-45)

Quando nós servimos ao próximo, nos tornamos mais parecidos com Jesus, e isso também é considerado como adoração a Ele. Por isso, devemos sempre auxiliar onde estamos, sem fazer isso com segundas intenções. É muito importante não servirmos para sermos percebidos, mas para que Jesus seja visto através do nosso trabalho, amor, compromisso e da nossa dedicação. Quando nos doamos sem interesse nenhum na recompensa terrena, nós reproduzimos a Cristo, e isso faz com que mais pessoas queiram conhecê-lO.

É impressionante como, várias vezes em que estou precisando de um milagre, aparece alguém necessitando da minha ajuda, seja espiritual, financeira, emocional etc. É verdade que, em muitos desses momentos, eu não os auxiliei, porque pensei que não tinha condições de ser útil, afinal de contas, era eu quem estava precisando de ajuda. O que eu não entendia era que Deus estava me dando uma oportunidade maravilhosa de desviar o olhar de mim mesmo e começar a servir a outros com o amor de Cristo, para, assim, preparar o caminho para meu próprio milagre.

Eu sei que é somente pela graça do Senhor, mas, diversas vezes em que me deparei com uma situação dessas, foi minha disposição para ajudar ao próximo que destravou o que Deus queria fazer em minha vida. Em uma ocasião, o Espírito Santo falou ao meu ouvido espiritual: "sirva essa pessoa, ame-a, faça como meu Filho Jesus faria, com muito amor no seu coração, e fique tranquilo, pois eu cuidarei de você". E foi exatamente assim que aconteceu. Aquele ato de serviço ao próximo subiu ao Senhor como adoração. Os Céus se abriram e Deus derramou sobre mim o milagre de que eu necessitava.

O que você faz em sua igreja ou trabalho hoje, sem segundas intenções, mas apenas por amor a Jesus? Não importa o que seja, se isso é realizado por amor a Cristo, é uma expressão de adoração tão poderosa quanto um louvor, uma oferta ou um poema dedicado a Ele.

Se todos nós tivéssemos a consciência de que todo o serviço feito de coração é recebido como uma adoração a Deus, seríamos muito mais felizes e realizados, porque não haveria comparações. Todos compreenderiam que não existem ministérios ou trabalhos que O glorificam mais ou menos, mas que cada um é igualmente importante e relevante para Ele.

O que Deus colocou em suas mãos hoje? Você consegue reconhecer o talento que Ele confiou a você para multiplicar com a ajuda do Espírito Santo? Olhe com grande expectativa e fé para aquilo que está debaixo de sua responsabilidade e adore ao Senhor sendo muito fiel nessas coisas. Sua fidelidade é sinônimo de entrega, além de uma prova de que Deus pode lhe entregar mais coisas à medida que você multiplica o que Ele já deu em suas mãos, da mesma forma que Jesus ensina na parábola dos talentos:

Pois será como um homem que, ausentando-se do país, chamou os seus servos e lhes confiou os seus bens. A um deu cinco talentos, a outro, dois e a outro, um, a cada um segundo a sua própria capacidade; e, então, partiu. O que recebera cinco talentos saiu imediatamente a negociar com eles e ganhou outros cinco. Do mesmo modo, o que recebera dois ganhou outros dois. Mas o que recebera um, saindo, abriu uma cova e escondeu o dinheiro do seu senhor. Depois de muito tempo, voltou o senhor daqueles servos e ajustou contas com eles. Então, aproximando-se o que recebera cinco talentos, entregou outros cinco, dizendo: Senhor, confiaste-me cinco talentos; eis aqui outros cinco talentos que ganhei. Disse-lhe o senhor: Muito bem, servo bom e fiel; foste fiel no pouco, sobre o muito te colocarei; entra no gozo do teu senhor. E, aproximando-se também o que recebera dois talentos, disse: Senhor, dois talentos me confiaste; aqui tens outros dois que ganhei. Disse-lhe o senhor: Muito bem, servo bom e fiel; foste fiel no pouco, sobre o muito te colocarei; entra no gozo do teu senhor. Chegando, por fim, o que recebera um talento, disse: Senhor, sabendo que és homem severo, que ceifas onde não semeaste e ajuntas onde não espalhaste, receoso, escondi na terra o teu talento; aqui tens o que é teu. Respondeu-lhe, porém, o senhor: Servo mau e negligente, sabias que ceifo onde não semeei e ajunto onde não espalhei? Cumpria, portanto, que entregasses o meu dinheiro aos banqueiros, e eu, ao voltar, receberia com juros o que é meu. Tirai-lhe, pois, o talento e dai-o ao que tem dez. Porque a todo o que tem se lhe dará, e terá em abundância; mas ao que não tem, até o que tem lhe será tirado. E o servo inútil, lançai-o para fora, nas trevas. Ali haverá choro e ranger de dentes. (Mateus 25.14-30)

O que essa passagem nos mostra é que o que importa não são as quantidades que Deus nos dá, até porque Ele distribui "a cada um segundo a sua própria capacidade" (Mateus 25.15). A questão principal é o que fazemos com o que recebemos. O Criador nos concedeu dons e talentos, capacidade para servir, uma personalidade única que nos habilita para atuar em cada área especificamente, e muito mais. Nossa responsabilidade, portanto, não é só manter tudo isso, mas multiplicar, por meio da nossa fidelidade e entrega ao servir.

Exemplo disso é que Jesus serviu durante toda sua vida terrena. Por trinta anos, permaneceu no anonimato, e por três, diante das multidões. Se nosso Rei trabalhou arduamente, por que nós faríamos diferente? Assim, eu desafio você a investir no solo no qual Ele o plantou.

Peça ao Espírito Santo estratégias para frutificar onde você está, obedeça a Ele radicalmente e se prepare para colher publicamente os frutos de uma vida de intimidade com o Senhor.

Deus anseia pelo nosso serviço, assim como por nosso tempo de adoração. Ele mal pode esperar para que chegue a hora de ver você acordar e falar: "Bom dia, Espírito Santo! Eu estou aqui! Como posso colocar um sorriso no rosto do Pai hoje?". Ele está louco para ouvir sua voz colocando em palavras a paixão que está no seu coração. Você nasceu para ter uma vida de adoração e para habitar na presença de Deus todos os dias da sua vida. O mundo pode nos oferecer fama, riquezas e poder, mas nada disso importará, se não estivermos vivendo no lugar de intimidade.

Jamais se esqueça disso. E se esquecer, volte para este capítulo, porque a adoração é a essência do nosso relacionamento com Deus.

Capítulo 9

O FOGO DO ESPÍRITO SANTO

Quem é egoísta demais para admitir que precisa de Deus sempre vai acabar perdendo o melhor da vida, pois o que é mais excelente está reservado para aqueles que dependem do Senhor. Neste mundo físico, é possível conquistar muitas coisas pela força do nosso braço e do nosso intelecto, porém, as vitórias que realmente importam, que são valiosas no Céu, só podem ser obtidas com a ajuda do Espírito Santo. A própria Palavra de Deus diz, em Zacarias 4.6, que nossa vitória não virá nem por força, nem por violência, mas sim pelo do Espírito do Senhor dos Exércitos.

Deus é o único ser no Universo que é onipotente. Ele detém todo o poder sobre todas as coisas. Nada nem ninguém prevalece contra Seu poder. Ele é implacável, invencível e inabalável. E o mais extraordinário é que toda essa autoridade, que foi capaz de criar o Universo, o mundo e toda a vida foi depositada dentro de nós pelo Senhor quando recebemos Seu Espírito Santo.

Quando entregamos nossa vida a Jesus e somos revestidos pelo Seu Espírito por meio do batismo, passamos a ter acesso ao Seu poder para operar sinais, milagres e maravilhas, e assim temos acesso ao sobrenatural de uma maneira completamente natural. Compreendemos que a solução para aqueles que estão morrendo no mundo é Jesus Cristo, enquanto a resposta para os cristãos que estão se esfriando dentro das igrejas é aprender a cultivar a intimidade com o Espírito Santo e ser cheios do Seu fogo.

Inclusive, na própria Bíblia, o Espírito do Senhor é representado pelo fogo. No dia de Pentecostes, quando os discípulos foram batizados, algo que parecia com línguas de fogo pousou sobre cada um (Atos 2.2-4). Além disso, a Palavra de Deus fala sobre não apagar o Espírito, assim como se apaga um fogo (1 Tessalonicenses 5.19). E no Antigo Testamento, a glória da presença de Deus normalmente se manifestava por meio do fogo.

Como expliquei no capítulo 5 deste livro, temos o privilégio de viver na era do Espírito Santo, o Deus Espírito. Quando Jesus esteve aqui na Terra, Ele mesmo falou que teria de nos deixar para nosso próprio bem, para que o Espírito de Deus pudesse vir, ter intimidade conosco e nos conduzir para o caminho do Senhor (João 16.7-8). Nós estamos na melhor das eras, no momento mais oportuno da história para viver a vontade de Deus. Mas será que somos conscientes desse privilégio? Será que temos aproveitado essa oportunidade com tudo que possuímos ou estamos deixando o fogo do Espírito apagar?

CUIDADO PARA NÃO APAGAR O FOGO

Não apagueis o Espírito. (1 Tessalonicenses 5.19)

Em sua primeira carta aos Tessalonicenses, o apóstolo Paulo nos adverte sobre o cuidado que devemos ter para não apagar o Espírito de Deus. Uma das coisas que fazem com que o fogo do Espírito se apague em nós é quando perdemos o prazer de buscar comunhão com Ele. Em outras palavras, quando entramos em um estado de apatia e frieza espiritual que nos faz ficar indiferentes à presença d'Ele ou desinteressados pelas coisas eternas.

Toda pessoa que se converteu de verdade já experimentou o prazer de estar constantemente conhecendo mais a Deus, dia após dia, por meio da leitura das Sagradas Escrituras e de uma vida de adoração e oração. É nessa fase que nós temos alegria para servir e fome de estar com Deus em todo o tempo, a ponto de não querermos perder nenhuma reunião de célula, culto ou vigília, porque tudo é gostoso demais.

Contudo, é exatamente nessa etapa do "primeiro amor" que o Diabo, sorrateiramente, tenta fazer com que esses sentimentos esfriem, direcionando nosso foco para o que nos gerará medo, insegurança, ansiedade e incredulidade. É nesses momentos, em que nos sentimos mais apaixonados e motivados do que nunca para perseguir o Senhor, que o Inimigo se sente ameaçado e começa a nos distrair daquilo que deve ser prioridade. Mas o que precisa ocupar o primeiro lugar de nossos corações é o tempo que passamos com Deus e com Sua Palavra.

Muitas foram as vezes em que me ocupei demasiadamente com a obra do Senhor, e não priorizei o Senhor da obra. Depois de errar muito nessa área, por muitos anos, tenho elencado como prioridade meu tempo com Deus e com Sua Palavra. Mas sei muito bem que que só atingi esse objetivo pela graça de Deus. Hoje mesmo, no meu tempo com Ele, eu estava lendo em Colossenses um texto fantástico sobre isso:

> Portanto, se fostes ressuscitados juntamente com Cristo, buscai as coisas lá do alto, onde Cristo vive, assentado à direita de Deus. Pensai nas coisas lá do alto, não nas que são aqui da terra. (Colossenses 3.1-2)

No meu caso, quando separo meu tempo diário com Deus, gosto de cumprimentá-lO da seguinte forma: "Bom dia, Espírito Santo, o que o Senhor quer falar comigo nesta manhã?". Depois de ouvir Sua voz e Suas diretrizes, volto a respondê-lO: "Agora vou ler Sua Palavra, me ajude, por favor, e me dê uma revelação. Conto com Você, meu precioso Amigo!".

Quantas vezes temos jogado fora nosso valioso tempo com coisas banais? Eu creio que tanto eu quanto você, que está lendo este livro, vamos passar a priorizar mais nosso tempo com Jesus, o Espírito Santo e Sua Palavra! É de extrema importância separarmos uma partícula do dia para cultivar essa intimidade com o Senhor, através da oração e da meditação da Bíblia.

Para exemplificar, tenho uma história interessante sobre esse assunto. Certa vez, o pastor Cho, da

Coreia, foi separar um tempo de oração e disse para sua secretária: "Não deixe ninguém me interromper, pois estarei em oração". Enquanto ele estava orando, o Presidente da República fez uma ligação e disse para a secretária que desejava falar com o pastor. Então, ela respondeu: "Perdão, senhor Presidente, mas o pastor Cho está em oração e me deu ordens expressas para não deixar ninguém interrompê-lo".

Quando o pastor Cho finalizou seu tempo com Deus, a esposa do Presidente ligou para ele e disse: "Pastor, eu quero que você demita sua secretária, pois meu marido telefonou e ela não permitiu que ele falasse com o senhor". Então, Cho respondeu: "Mas eu mesmo pedi a ela para não deixar ninguém me interromper, pois estava em oração". A esposa do Presidente, então, retrucou: "Sim, eu sei. Mas meu marido é o Presidente da República!". Após isso, com todo respeito e humildade, o pastor concluiu: "É verdade, senhora, mas eu estava falando com o Presidente do Céu".

Esse relato nos mostra que, muitas vezes, o Diabo não nos oferecerá coisas ruins, mas sim oportunidades muito boas e atraentes para desviar nosso foco daquilo que é o excelente. Seu desejo é nos deixar conformados com o confortável, só para não avançarmos em nosso relacionamento com o Senhor. Em algumas situações, o próprio Inimigo vai sugerir que devemos priorizar mais a família e o trabalho para sermos bons mordomos. E apesar de serem áreas em que precisamos, de fato, investir dedicação para honrar a Deus, elas jamais devem tomar o lugar d'Ele como a maior prioridade. Jesus sempre deve ser o primeiro. Ele mesmo nos disse que, se alguém amar os seus cônjuges, pais ou filhos mais do que a Cristo, essa pessoa não é digna d'Ele (Mateus 10.37-38).

Isso pode ser muito radical para você, mas se somos mais apaixonados pelas nossas famílias do que por Jesus, estamos errados, porque Ele é o criador e o Senhor delas. Por isso, não há ninguém mais digno de gratidão, honra e louvor do que Ele. Sem Cristo, nem teríamos famílias para amarmos e cuidarmos.

Logo, se quisermos evitar o risco de nos esfriarmos espiritualmente, precisamos ter em mente que Deus é o primeiro em tudo. Ele não pode ficar com nosso resto, mas deve receber nosso melhor. O Senhor é digno porque é a fonte de todo nosso vigor, tempo, criatividade, talentos, saúde e riquezas. Ele é merecedor do nosso tudo, porque deu nada menos do que Seu melhor para nos libertar do pecado e da morte, entregou Sua própria família ao enviar Jesus para nos salvar.

Deus não quer que esta mensagem entre no seu coração para envergonhá-lo ou para condená-lo. Ele o ama e está ansioso para despertar você para um amor que não seja, como diz o profeta Oseias: "[...] como nuvem de manhã, como orvalho que cedo passa, como palha que se lança da eira e como fumaça que sai por uma janela" (Oseias 13.3). Ele não quer que sejamos como as pessoas que chegam atrasadas e saem mais cedo dos assuntos relacionado a Deus, porque reservam para Ele o resto, e o melhor, guardam para o próprio ego.

Eu acredito que, neste exato momento, o Espírito Santo está falando ao seu coração. Ele está ao seu lado, clamando para que você seja intenso com Ele e para que confie na Palavra de Deus, que diz para não ficarmos ansiosos por nada se tivermos as coisas do Reino como prioridade.

> Buscai, pois, em primeiro lugar, o seu reino e a sua justiça, e todas estas coisas vos serão acrescentadas. (Mateus 6.33)

Eu quero desafiar você a declarar diariamente sobre si mesmo a seguinte verdade: "O meu relacionamento com o Senhor é minha maior prioridade. Eu não vou deixar que o fogo se apague". Quando constantemente trazemos à memória o que é inegociável, dificilmente perderemos de vista o primeiro amor, assim como aconteceu com a Igreja de Éfeso no livro de Apocalipse.

PROTEJA SEU CANDELABRO

Em toda a Ásia Menor, não havia Igreja mais excelente do que a de Éfeso. Ela destacava-se por seu testemunho e esforço na expansão do Reino de Deus. O apóstolo Paulo ensinou a Palavra de Deus ali durante três anos (Atos 20.31). Pelo teor e conteúdo da carta de Paulo aos efésios, observa-se que aquela igreja era muito espiritual. Contudo, a queixa do Senhor contra ela foi o abandono do primeiro amor.

> Contra você, porém, tenho isto: você abandonou o seu primeiro amor. Lembre-se de onde caiu! Arrependa-se e pratique as obras que praticava no princípio. Se não se arrepender, virei a você e tirarei o seu candelabro do seu lugar. (Apocalipse 2.4-5 – NVI)

A vitalidade espiritual que eles possuíam – vinda do amor pelo Senhor – se apagou por causa da religiosidade. Os efésios eram bem equipados no conhecimento das Escrituras, mas eram atrofiados na prática do amor. A frieza pela qual passavam era tão séria que o Senhor os advertiu sobre a grave consequência caso não mudassem: a retirada do Seu "candelabro". Mas o que que era esse "candelabro"? Era o fogo da presença do Espírito Santo. Deus falou com amor, mas também com muita firmeza, que se não houvesse uma transformação radical de mentalidade, um arrependimento genuíno, Ele removeria Sua presença daquela Igreja.

Novamente, eu quero reforçar que Deus não deseja condenar, porque sua insatisfação não é conosco, mas com a ideia de vivermos sem Seu fogo. Ele quer aquecer nossos corações e nos fazer sentir mesma a paixão insaciável que sente por nós.

Talvez você esteja sedento pela presença de Deus, querendo muito reacender a chama do primeiro amor, mas não consegue se engajar em coisas básicas, como as disciplinas espirituais de jejum, oração, adoração e leitura bíblica, porque está mais interessado em saciar sua carne com entretenimento, compras, comida, conversas, entre outras coisas. E isso é normal, porque naturalmente nossa carne não quer colocar as coisas espirituais em primeiro lugar. Ela não deseja o que é eterno, mas o que é passageiro, o que nos satisfaz agora.

Apesar disso, você pode escolher induzir seu coração e sua mente a enxergarem as coisas de Deus como aquilo que mais necessita para viver. Pode construir rotinas e ambientes, e assim fazer com que a busca pela Sua presença seja inevitável.

Uma sugestão que gosto de dar para as pessoas desenvolverem um santo hábito de serem fiéis no seu tempo com Deus é a de ter um lugar certo e uma hora certa todo dia. Por exemplo: todas as manhãs, das 6h às 6h30, antes que qualquer outra pessoa da casa acorde, tenho um encontro marcado com o Senhor na sala de estar.

À medida que você escolhe ser fiel em manter o fogo queimando, seu coração vai reacendendo.

NÃO SEJA CONDESCENDENTE COM O PECADO

Outro fator usado pelo Maligno para apagar o fogo do Espírito Santo em nós é algo que já mencionei anteriormente neste livro: a tolerância. Como vimos no capítulo anterior, nós damos autoridade para tudo com que somos condescendentes, e nos tornamos aquilo que toleramos. Por exemplo: se aceitamos doenças físicas ou de alma em nossas vidas, sem ao menos buscar a cura em Deus, nós estamos dando legalidade para que essas enfermidades permaneçam em nossos corpos. Se somos indiferentes à injustiça, manipulação ou violência em nossas casas, trabalhos, igrejas, cidades e nações, estamos entrando em concordância com essa cultura contrária ao Reino de Deus. Se mesmo depois da nossa conversão e do batismo no Espírito Santo continuamos a cultivar pecados do nosso passado, estamos dando autoridade ao Diabo e aos seus demônios.

Portanto, se realmente quisermos ser cheios do fogo, precisamos buscar santidade, devemos nos separar daquilo que contamina nosso coração, tal como a mentira, a fornicação, a murmuração, a maledicência, a avareza, a lascívia, a inveja e o julgamento. Temos de ter tolerância zero em relação ao pecado, porque ele esfria nossa paixão, promove a religiosidade, cauteriza nossa consciência e nos coloca em situações de risco e vergonha. Dessa forma, toda vez em que nos esfriamos espiritualmente, nossa carne se aquece e ganha força para bloquear nosso relacionamento com Deus. Observe esse princípio da Palavra que tem tudo a ver com o que estamos compartilhando.

Tudo o que recebemos do Senhor na Nova Aliança vem através da graça mediante a fé. Não somente a salvação. Sabemos que a Palavra diz: "Porque pela graça sois salvos, mediante a fé" (Efésios 2.8a). Mas a Bíblia também afirma: "Ora, como recebestes Cristo Jesus, o Senhor, assim andai nele" (Colossenses 2.6). Então, tudo o que temos na vida cristã é pela graça mediante a fé! Porém, você sabia que é possível "naufragar" na fé?

> [...] mantendo fé e boa consciência, porquanto alguns, tendo rejeitado a boa consciência, vieram a naufragar na fé. (1 Timóteo 1.19)

Naufragar significa afundar, sufocar, deixar morrer. Ou seja, entendemos que, quando rejeitamos uma boa consciência, corremos o risco de perder a fé. Por causa disso, muitos cristãos, que fazem vista grossa para os pecados, acabam esfriando e depois até dizem que nem acreditam mais na Palavra de Deus.

Veja só o que as Escrituras dizem em Deuteronômio sobre o que acontece quando aceitamos o pecado em nosso dia a dia:

> O Senhor mandará sobre ti a maldição, a confusão e a ameaça em tudo quanto empreenderes, até que sejas destruído e repentinamente pereças, por causa da maldade das tuas obras, com que me abandonaste. O Senhor fará que a pestilência te pegue a ti, até que te consuma a terra a que passas para possuí-la. O Senhor te ferirá com a tísica, e a febre, e a inflamação, e com o calor ardente, e a secura, e

com o crestamento, e a ferrugem; e isto te perseguirá até que pereças. Os teus céus sobre a tua cabeça serão de bronze; e a terra debaixo de ti será de ferro. (Deuteronômio 28.20-23)

A Bíblia afirma que, quando somos condescendentes com o pecado em nossas vidas, os Céus se fecham como se estivessem revestidos de bronze, e nossas orações não chegam ao trono do Pai. Além do mais, existem outras passagens bíblicas que reforçam essa ideia:

Se eu atender à iniquidade no meu coração, o Senhor não me ouvirá. (Salmos 66.18 – ARC)

Eis que a mão do Senhor não está encolhida, para que não possa salvar; nem agravado o seu ouvido, para não poder ouvir. Mas as vossas iniqüidades fazem separação entre vós e o vosso Deus; e os vossos pecados encobrem o seu rosto de vós, para que não vos ouça. (Isaías 59.1-2 – ACF)

Portanto, precisamos nos quebrantar na presença de Deus e dizer: "Senhor, a partir de hoje, eu não dou mais legalidade para o Diabo através da condescendência com os pecados em minha vida". Isso não é uma garantia de que você nunca mais pecará, mas quando nos arrependemos profundamente, o Espírito Santo tem autoridade para nos libertar.

NÃO NEGLIGENCIE OS RELACIONAMENTOS

O terceiro ponto para não apagar o fogo de Deus em sua vida é evitar a negligência com nossos relacionamentos. Como vimos anteirormente, em Efésios 5, o apóstolo Paulo nos estimula a sermos cheios do Espírito Santo, porque esse é o estilo de vida para o qual fomos chamados. E nessa mesma passagem, ele também nos revela o segredo para continuarmos nos enchendo do Espírito e do fogo: comunidade e relacionamentos.

> E não vos embriagueis com vinho, no qual há dissolução, mas enchei-vos do Espírito, falando entre vós com salmos, entoando e louvando de coração ao Senhor com hinos e cânticos espirituais, dando sempre graças por tudo a nosso Deus e Pai, em nome de nosso Senhor Jesus Cristo, sujeitando-vos uns aos outros no temor de Cristo. (Efésios 5.18-21)

Quando compartilhamos, nós crescemos, nos multiplicamos, expandimos aquilo que o Senhor faz em nós e em nosso meio. Em outras palavras, cooperamos com o Espírito Santo ao ficarmos cheios d'Ele e ao falarmos sobre o Senhor em meio às pessoas. Tudo isso retornará para Ele, enchendo-O de glória.

Uma grande parte dos cristãos se desvia e se enfraquece na fé porque não consegue se conectar a uma igreja, comunidade, ou até mesmo se relacionar com seus familiares. Nós precisamos de pessoas para compartilhar tanto o amor quanto a dor. Por isso, é essencial para nossa existência aprendermos a conviver com os outros, assim, espalhando o fogo que há dentro de nós. É preciso crucificar nosso ego e nos dedicar a construir comunidades cheias do Espírito e do amor perdoador de Cristo.

Para preservar o fogo em nós, é necessário mantermos nossos relacionamentos intactos, porque ele precisa ser espalhado por toda a Terra, e essa é a forma mais eficaz.

ALIMENTANDO O FOGO

A Bíblia mostra que, muitas vezes, as pessoas apagam o fogo do Espírito por simplesmente não terem o cuidado de alimentá-lo. Da mesma maneira que não podemos ser negligentes com nossa alimentação, para não correr o risco de desenvolver doenças e, no pior do casos, morrer, precisamos nutrir nosso espírito para que o fogo que arde em nossos corações não se apague.

Nós devemos desenvolver o fogo do Espírito Santo a fim de que Ele cresça cada vez mais. Mas como podemos fazer isso? Existem três maneiras que eu utilizo para manter meu espírito em chamas.

1. ORE EM LÍNGUAS

A primeira delas é por meio da oração em línguas. Ao cultivarmos essa disciplina, estamos orando mistérios e estabelecendo uma comunicação direta com Deus. No momento dessa prática, nosso espírito está intercedendo em favor da nossa edificação pessoal. Desse modo, aumentamos nossa sensibilidade espiritual. Nosso espírito fala diretamente com o Senhor, e até oramos em favor de situações de que nem mesmo temos conhecimento ainda, uma vez que pode se tratar de algo que está para acontecer e só o Espírito Santo tem conhecimento prévio.

Nós temos uma linguagem sobrenatural para falar diretamente com o Espírito de Deus. Então, use essa arma poderosa e acenda o fogo para ficar cheio da presença de Deus.

2. SEJA CHEIO DA PALAVRA DE DEUS

A segunda maneira é por meio da leitura e da meditação da Palavra de Deus. Quando lemos a Bíblia constantemente estamos equipando nosso espírito com as verdades e os princípios do Senhor. Suas palavras têm o poder de abrir nossa visão para enxergar situações sob a perspectiva do Espírito Santo, o que nos traz esperança, coragem, paixão e fé para tomarmos nossa cruz e andarmos de acordo com o chamado que o Senhor tem para nós. A Bíblia é a espada do Espírito, porque ela tem o poder de cortar fora o que não presta em nossas vidas, abrindo caminho para a unção e o fogo.

Contudo, a leitura das Sagradas Escrituras só pode alimentar nosso fogo se a praticarmos com ajuda do Espírito Santo. Por isso, sempre devemos convidá-lO para nos revelar os segredos da Palavra.

3. TENHA COMUNHÃO COM O ESPÍRITO SANTO

Por fim, a terceira forma de alimentarmos o fogo do Senhor em nós é por meio da comunhão com Seu Espírito. Precisamos ser vulneráveis para desenvolver confiança e sensibilidade à Sua voz. O Senhor é a fonte do nosso fogo. É impossível nutri-lo sem dedicar tempo a Ele, e dessa forma, construir intimidade e dependência com Deus. Portanto, seja fiel em conversar com seu Melhor Amigo todos os dias.

Lembre-se: para ouvir Sua voz e para dialogar com Ele é necessário liberar fé. É algo subjetivo, então, não desanime se você pensou que ouviu algo e acabou não acertando. Pratique ouvi-lO! Estamos todos aprendendo escutar Sua voz e cultivar essa intimidade com Ele.

Sendo assim, cultive a intimidade com o Espírito Santo. Não se esqueça de que Ele sempre vai encorajá--lo e ajudá-lo na sua caminhada de fé. Toda voz de incredulidade, desânimo, tristeza ou condenação certamente não vem do Espírito. Em fé, converse com

Ele, ouça Sua voz, pois é a experiência mais preciosa que existe! A realidade desse relacionamento cresce através de escolhas baseadas na fé. Pela fé, cremos que realmente estamos ouvindo Sua voz.

Há muitos anos, eu tenho o hábito de acordar bem cedo e, antes de fazer qualquer coisa, até mesmo antes de ir para meu lugar de oração para tirar meu tempo com Deus, me ajoelhar ao lado da cama, dizendo a seguinte frase: "Bom dia, Espírito Santo. Eu preciso de Ti. Eu dependo de Ti". Esse é meu convite para Ele invadir minha realidade, meu dia. É assim que podemos crescer mais em intimidade e confiança com o Senhor.

À medida que fui escrevendo este capítulo, o Espírito me mostrou que muitas pessoas seriam poderosamente impactadas por esta mensagem. Ele revelou que muitos corações começariam a queimar espontaneamente, porque o Espírito do Senhor estaria mudando a atmosfera espiritual a cada palavra lida e a cada página virada. Ao final deste capítulo, e da jornada literária que tem sido este livro, depois de compartilhar os segredos que Deus tem me confiado para nos tornarmos Seus amigos, novamente concluo que a maior chave para sermos plenamente satisfeitos na vida é nos tornarmos íntimos do Seu Espírito Santo. Ele deve ser o Senhor de tudo em nossas vidas.

Diante disso, não ignore Sua presença. No dia a dia, peça a ajuda d'Ele em tudo. Não somente para orar e ler a Bíblia. Peça e busque Seu auxílio nos seus negócios e nas suas finanças. Acredite em mim, não existe ninguém mais inteligente do que o Espírito Santo. Ore pela ajuda d'Ele na criação dos seus filhos, no seu casamento e nas decisões diárias. E se você for solteiro, peça orientação em relação ao seu futuro cônjuge e à sua vida sentimental. Busque auxílio no seu ministério e nas áreas em que você está cumprindo com seu destino divino para implantar o Reino de Deus aqui na Terra. Desse modo, você verá sucesso após sucesso invadir todas as áreas da sua vida!

Quando as pessoas começarem a elogiar e a falar palavras maravilhosas sobre você e sobre sua vida, não se esqueça de que é Ele o responsável pela obra! Dê a Jesus toda a glória (porque o Espírito sempre traz glória para Cristo) e reconheça publicamente que o segredo do seu sucesso é a Pessoa do Espírito Santo! A mensagem que desejo ressaltar aqui é que o Espírito Santo sempre deve ser colocado em um lugar de honra, porque Ele é quem nos conduz para onde Cristo e o Pai desejam que estejamos.

Portanto, minha oração é que você, meu amado irmão ou minha amada irmã, possa também ter o Espírito Santo como seu melhor amigo. Creio que sua vida, sua família, seu destino e todas as áreas serão inundados com a presença do Espírito Santo de Deus. Enquanto escrevo estas palavras, vejo você alcançando o melhor do Senhor por meio desse relacionamento.

Bem-vindo à maior e mais emocionante aventura da vida: a intimidade com seu melhor amigo, o Espírito Santo!

Este livro foi produzido em Adobe Garamond Pro 12 e
impresso pela Gráfica Promove sobre papel Pólen Natural
80g para a Editora Quatro Ventos em novembro de 2024.